広島のキノコ雲
（米軍撮影 広島平和記念資料館提供）

広島の原爆

——記憶と問い

真鍋禎男
Manabe Sadao

あけび書房

まえがき

原爆が空中で炸裂した直下の地点を、爆心地と言う。そこから西南西へ四五〇メートル、一六歳の女学生が被爆三日後に、焦土の自宅跡で家族を探し当てた。

惨状の中を歩いて、必死で我が家に辿り着きました。父は玄関で、姉は台所で坐ったまま白骨となっていました。母は炊事場で横たわっていました。上半身は黒く焦げ、下半身は白骨で、その足の上に包丁の刃がのっかっていました。その様子から、三人とも即死であったのだろうと想像しました。（中略）

私の頭は、真っ白になり、何が何だか分からず、全身がガタガタ震え、その場にしゃがみ込んでしまいました。

（『語りびと』6ページ）

広島が被爆して、七五年になる。全市壊滅の惨禍は今、原爆ドーム、平和記念公園、広島平和記念資料館（広島原爆資料館）、国立広島原爆死没者追悼平和祈念館、県立および市立図書館に、集約された感がある。市内の要所に設置の原爆被災説明板や慰霊碑、被爆建物も歴史の証として大きな価値を備えているものの、訪れる人はまれにしかいない。

平和を希求するかたわら、矛盾も目につく。

その第一が、平和記念公園の中央に設置している原爆死没者慰霊碑と、すぐそばに建つ大きな掲揚台。慰霊碑は、被爆七年後の一九五二年八月六日に除幕した。納める死没者名簿は二〇一九年時点で三二万人を数え、立ち寄る人々が手を合わせ、黙祷を捧げる。一方の掲揚台は、個人の寄贈を名目に「昭和三十八（引用注・一九六三）年四月二十九日完工」と銘板が伝えている。昭和天皇の誕生日にあたる。昭和という時代の初期に日本は、天皇統治のもとで満州事変を発端に、日中戦争を経て太平洋戦争へと突き進んだ。そしてあげくに、原爆の炸裂を浴びた。にもかかわらず掲揚台では、かつて戦地へ赴く兵士の隊列を盛大に見送りながら打ち振った時と同じ「日の丸」の旗が、何十倍もの大きさで空高く風にそよぎ、三二万人の慰霊碑を斜め上から見下ろす。

この配置のもとで毎年八月六日に、広島市主催の原爆死没者慰霊式ならびに平和祈念式が開催されてきた。捧げる慰霊の真心は、戦意高揚をあおる「日の丸」の旗に阻まれ、死者に届かない。平和を築く誓いも形式にとどまり、内外への発信力を決定的に欠く。

慰霊碑は建築家・丹下健三氏の設計で埴輪の家を模し、その内側の空間前方に「平和の火」と原爆ドームが直線で並び、平和志向を造形している。バスガイドが観光客に、写真撮影を勧める。だが原爆ドームの左奥に商工会議所の黒いビル（一九六五年一〇月一日竣工）が並んで景観を壊し、しかもその屋上には「日の丸」の旗がなびき、写真に写る。この構図が、厳粛な慰霊の心に水を差す。

もう一つの矛盾を、爆心地に近い元安橋の東詰め南に見る。平和の象徴とされる鳩を詠んだ句碑がある。詠み人も揮毫も同一人物で、碑に刻む「昭和六十二（引用注・一九八七）年十月」時点の内閣総理大臣。句碑を建てる四年前、広島の原爆養護ホームを首相として公式に訪れ、一二〇人の高齢者に「病は気から。根性さえしっかりしていれば病気は逃げて行く」と被爆無視の責任転嫁を平然と行ない、大きな怒りと深い悲しみを招いた。鳩の句碑が偽善で、白々しい。

平和とは、どのような中身のものを言うのだろうか。一四歳で母と死別した女性の、手記がある。

あの原爆さえなければ、あの戦争さえしなければ、と何度思ったことか。たった一つの原子爆弾で、一瞬の間に尊い命を奪ってしまった爆弾が憎い。（中略）あの悲惨な地獄絵、修羅場の恐怖と戦慄、そして、焼け焦げの行列が脳裡に焼きついて決して忘れ去ることができません。皆さん戦争の残酷さと平和のありがたさを、改めて痛感してくださいませんか。

（『いつまでも絶えることなく』41～42ページ）

右の手記二篇が記すように、体験者たちは「思い出すのがつらい」被爆の惨状をあえて書き、「再びあってはならない」と、痛切な願いを手記に込めた。あの戦争を「誰が」「何のために」始めたのか、との子供たちの問いもある。単行本として出版されたものに限らず手書きのままも含め、閲覧可能な手記の本数は、広島原爆だけでも六万を優に超す。

被爆から七五年を経て、原爆体験者の高齢化や他界が刻々と進んでいる。手記を後世への貴重な伝言と受け止め、被爆の語り部とし、広島の「記憶と問い」を以下に綴る。

＊広島の原爆 記憶と問い―もくじ

第四景　惨状②

注記・本書に掲載の地図は、巻末の参考文献一覧における【地図】各本の原図を参照のうえ、著者がパソコンの描画機能を用い独自に作図した。広島原爆を大局的に伝える本書主旨のもと、図の稚拙をご容赦いただきたい。

【広島市内旧制学校の現校名】

・広島市本川国民学校（市立本川小学校）
・同　袋町国民学校（市立袋町小学校）
・同　幟町国民学校（市立幟町小学校）
・同　中島国民学校（市立中島小学校）
・同　大手町国民学校（廃校）
・同　広瀬国民学校（市立広瀬小学校）
・同　神崎国民学校（市立神崎小学校）
・同　天満国民学校（市立天満小学校）
・同　観音国民学校（市立観音小学校・南観音小学校）
・同　竹屋国民学校（市立竹屋小学校）
・同　白島国民学校（市立白島小学校）
・同　千田国民学校（市立千田小学校）
・同　段原国民学校（市立段原小学校）
・同　三篠国民学校（市立三篠小学校）
・同　舟入国民学校（市立舟入小学校）
・同　皆実国民学校（市立皆実小学校）
・同　荒神町国民学校（市立荒神町小学校）
・同　大芝国民学校（市立大芝小学校）
・同　牛田国民学校（市立牛田小学校）
・同　長尾国民学校（市立長尾小学校）
・同　比治山国民学校（市立比治山小学校）
・同　己斐国民学校（市立己斐小学校）
・同　大河国民学校（市立大河小学校）
・同　矢賀国民学校（市立矢賀小学校）
・同　江波国民学校（市立江波小学校）
・同　宇品国民学校（市立宇品小学校）
・同　古田国民学校（市立古田小学校）
・同　仁保国民学校（市立仁保小学校）
・同　楠那国民学校（市立楠那小学校）
・同　草津国民学校（市立草津小学校）
・同　青崎国民学校（市立青崎小学校）
・同　似島国民学校（市立似島小学校）
・広島市立第一国民学校（市立段原中学校）
・広島市立第二国民学校（市立観音中学校）
・広島市立第三国民学校（市立翠町中学校）
・光道国民学校（廃校）
・広島師範学校男子部附属国民学校（広島大学附属東雲小学校）
・広島高等師範学校附属国民学校（広島大学附属小学校）
・広島陸軍偕行社附属済美国民学校（廃校）

・県立広島第一中学校（県立国泰寺高等学校）
・県立広島第二中学校（県立観音高等学校）
・県立広島工業学校（県立広島工業高等学校）
・県立広島商業学校（県立広島商業高等学校）
・県立広島第一高等女学校（県立広島皆実高等学校）
・県立広島第二高等女学校（県立広島皆実高等学校）
・県立聾学校（県立広島南特別支援学校）
・県立盲学校（県立広島中央特別支援学校）
・市立中学校（市立広島基町高等学校）
・市立第一工業学校（廃校）
・市立第二工業学校（市立広島工業高等学校）
・市立造船工業学校（市立広島商業高等学校）
・市立第二商業学校（市立大手町商業高等学校）
・市立第一高等女学校（市立舟入高等学校）
・市立第二高等女学校（市立舟入高等学校）
・崇徳中学校（崇徳高等学校）
・広陵中学校（広陵高等学校）
・修道中学校（修道高等学校）
・松本工業学校（広島県瀬戸内高等学校）
・山陽中学校 山陽商業学校（山陽高等学校）
・安田高等女学校（安田女子高等学校）
・進徳高等女学校（進徳女子高等学校）
・広島女学院高等女学校（広島女学院高等学校）
・比治山高等女学校（比治山女子 同高等学校）
・広島女子商業学校（広島翔洋高等学校）
・安芸高等女学校（廃校）
・西高等女学校（廃校）
・広島女学院専門学校（広島女学院中等高等学校）
・県立広島女子専門学校（県立広島大学）
・県立広島工業専門学校（広島大学工学部）
・広島医学専門学校（広島大学医学部）
・広島師範学校（広島大学教育学部）
・広島高等学校（広島大学総合科学部）
・広島女子高等師範学校 同附属山中高等女学校（広島大学教育学部 同附属福山高等学校）
・広島高等師範学校 同附属中学校（広島大学教育学部 同附属高等学校）
・広島文理科大学（広島大学文学部 理学部）

開戦詔書

天佑ヲ保有シ萬世一系ノ皇祚ヲ踐メル大日本帝國天皇ハ昭ニ忠誠勇武ナル汝有衆ニ示ス

朕茲ニ米國及英國ニ對シテ戰ヲ宣ス朕カ陸海將兵ハ全力ヲ奮テ交戰ニ從事シ朕カ百僚有司ハ勵精職務ヲ奉行シ朕カ衆庶ハ各々其ノ本分ヲ盡シ億兆一心國家ノ總力ヲ擧ケテ征戰ノ目的ヲ達成スルニ遺算ナカラムコトヲ期セヨ（中略）

今ヤ不幸ニシテ米英兩國ト釁端ヲ開クニ至ル洵ニ已ムヲ得サルモノアリ豈朕カ志ナラムヤ中華民國政府曩ニ帝國ノ眞意ヲ解セス濫ニ事ヲ構ヘテ東亞の平和ヲ攪亂シ遂ニ帝國ヲシテ干戈ヲ執ルニ至ラシメ茲ニ四年有餘ヲ經タリ幸ニ國民政府更新スルアリ帝國ハ之ト善隣ノ誼ヲ結ヒ相提攜スルニ至レルモ重慶ニ殘存スル政權ハ米英ノ庇蔭ヲ恃ミテ兄弟尚未タ牆ニ相鬩クヲ悛メス米英兩國ハ殘存政權ヲ支援シテ東亞ノ禍亂ヲ助長シ平和ノ美名ニ匿レテ東洋制覇ノ非望ヲ逞ウセムトス剩ヘ與國ヲ誘ヒ帝國ノ周邊ニ於テ武備ヲ増強シテ我ニ挑戰シ更ニ帝國ノ平和的通商ニ有ラユル妨害ヲ與ヘ遂に經濟斷交ヲ敢テシ帝國ノ生存ニ重大ナル脅威ヲ加フ朕ハ政府ヲシテ事態ヲ平和ノ裡ニ囘復セシメムトシ隱忍久シキニ彌リタルモ彼ハ毫モ交讓ノ精神ナク徒ニ時局ノ解決ヲ遷延セシメテ此ノ間却ツテ益々經濟上軍事上ノ脅威ヲ増大シ以テ我ヲ屈從セシメムトス斯ノ如クニシテ推移セムカ東亞安定ニ關スル帝國積年ノ努力ハ悉ク水泡ニ歸シ帝國ノ存立亦正ニ危殆ニ瀕セリ事既ニ此ニ至ル帝國ハ今ヤ自存自衞ノ爲蹶然起ツテ一切ノ障礙ヲ破碎スルノ外ナキナリ

皇祖皇宗ノ神靈上ニ在リ朕ハ汝有衆ノ忠誠勇武ニ信倚シ祖宗ノ遺業ヲ恢弘シ速ニ禍根ヲ芟除シテ東亞永遠ノ平和ヲ確立シ以テ帝國ノ光榮ヲ保全セムコトヲ期ス

終戦詔書

朕深ク世界ノ大勢ト帝國ノ現狀トニ鑑ミ非常ノ措置ヲ以テ時局ヲ収拾セムト欲シ茲ニ忠良ナル爾臣民ニ告ク

朕ハ帝國政府ヲシテ米英支蘇四國ニ對シ其ノ共同宣言ヲ受諾スル旨通告セシメタリ（中略）

交戰已ニ四歳ヲ閲シ朕カ陸海將兵ノ勇戰朕カ百僚有司ノ勵精朕カ一億衆庶ノ奉公各々最善ヲ盡セルニ拘ラス戰局必スシモ好轉セス世界ノ大勢亦我ニ利アラス加之敵ハ新ニ殘虐ナル爆彈ヲ使用シテ頻ニ無辜ヲ殺傷シ慘害ノ及フ所眞ニ測ルヘカラサルニ至ル而モ尚交戰ヲ繼續セムカ終ニ我カ民族ノ滅亡ヲ招來スルノミナラス延テ人類ノ文明ヲモ破却スヘシ斯ノ如クムハ朕何ヲ以テカ億兆ノ赤子ヲ保シ皇祖皇宗ノ神靈ニ謝セムヤ是レ朕カ帝國政府ヲシテ共同宣言ニ應セシムルニ至レル所以ナリ

朕ハ（中略）帝國臣民ニシテ戰陣ニ死シ職域ニ殉シ非命ニ斃レタル者及其ノ遺族ニ想ヲ致セハ五内爲ニ裂ク且戰傷ヲ負ヒ災禍ヲ蒙リ家業ヲ失ヒタル者ノ厚生ニ至リテハ朕ノ深ク軫念スル所ナリ惟フニ今後帝國ノ受クヘキ苦難ハ固ヨリ尋常ニアラス爾臣民ノ衷情モ朕善ク之ヲ知ル然レトモ朕ハ時運ノ趨ク所堪ヘ難キヲ堪ヘ忍ヒ難キヲ忍ヒ以テ萬世ノ爲ニ太平ヲ開カムト欲ス

朕ハ茲ニ國體ヲ護持シ得テ忠良ナル爾臣民ノ赤誠ニ信倚シ常ニ爾臣民ト共ニ在リ若シ夫レ情ノ激スル所濫リニ事端ヲ滋クシ或ハ同胞排擠互ニ時局ヲ亂リ爲ニ大道ヲ誤リ信義ヲ世界ニ失フカ如キハ朕最モ之ヲ戒ム宜シク擧國一家子孫相傳ヘ確ク神州ノ不滅ヲ信シ任重クシテ道遠キヲ念ヒ總力ヲ將來ノ建設ニ傾ケ道義ヲ篤クシ志操ヲ鞏クシ誓テ國體ノ精華ヲ發揚シ世界ノ進運ニ後レサラムコトヲ期スヘシ爾臣民其レ克ク朕カ意ヲ體セヨ

第一景

炸裂

爆心地の島外科病院廃墟
（米軍撮影 広島平和記念資料館提供）

広島市内要図

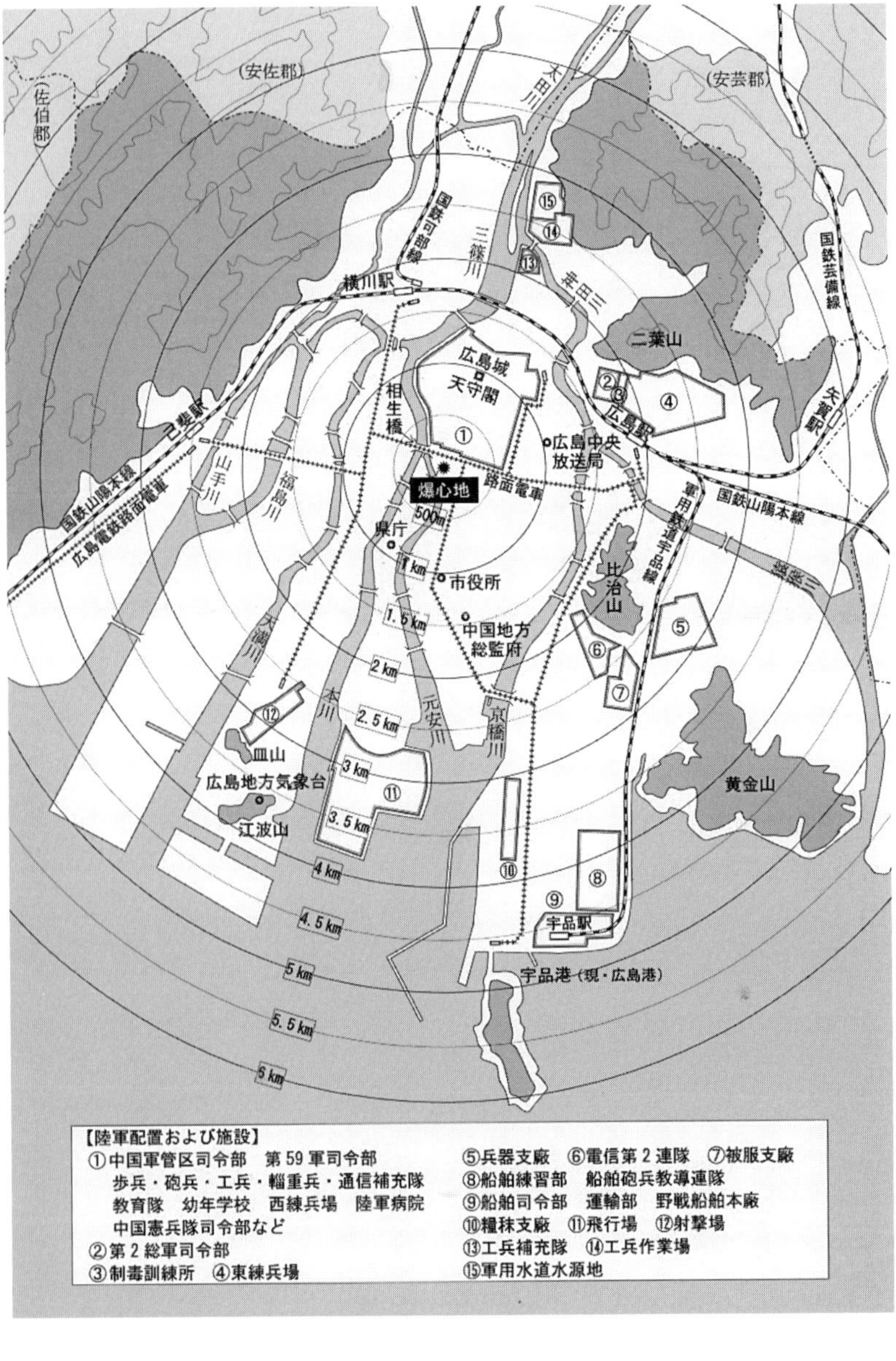

(安佐郡)
(安芸郡)
(佐伯郡)
太田川
国鉄可部線
三篠川
横川駅
二葉山
広島城
天守閣
相生橋
①
②
③
④
広島駅
矢賀駅
国鉄芸備線
広島中央放送局
爆心地
路面電車
500m
己斐駅
国鉄山陽本線
広島電鉄路面電車
山手川
福島川
県庁
1km
市役所
1.5km
中国地方総監府
比治山
軍用鉄道宇品線
⑤
⑥
⑦
2km
天満川
本川
元安川
京橋川
2.5km
⑫
皿山
3km
⑪
広島地方気象台
3.5km
江波山
黄金山
4km
⑩
⑧
⑨
4.5km
宇品駅
5km
宇品港（現・広島港）
5.5km
6km
⑬
⑭
⑮
【陸軍配置および施設】
①中国軍管区司令部　第59軍司令部
歩兵・砲兵・工兵・輜重兵・通信補充隊
教育隊　幼年学校　西練兵場　陸軍病院
中国憲兵隊司令部など
②第2総軍司令部
③制毒訓練所　④東練兵場
⑤兵器支廠　⑥電信第2連隊　⑦被服支廠
⑧船舶練習部　船舶砲兵教導連隊
⑨船舶司令部　運輸部　野戦船舶本廠
⑩糧秣支廠　⑪飛行場　⑫射撃場
⑬工兵補充隊　⑭工兵作業場
⑮軍用水道水源地

1　敗戦寸前の日本

アラモゴード砂漠

一九四五年七月一六日、アメリカのニューメキシコ州アラモゴード砂漠で、人類史上初の原爆実験が行なわれた。ドイツから亡命の物理学者が大統領に開発を進言して以来六年、動員一三万人、費用およそ二〇億ドルを投じた極秘国家事業に、判定が下る。

原爆の開発と製造は、陸軍が統括した。少将による、長官宛ての実験報告書がある。

「爆発までの残り時間を知らせる放送が始まった。それは、実験の参加者や観測員などの他のグループに無線で伝えられた。残り時間が少なくなり、分単位から秒単位になるにつれて、緊張は急激に高まった[*1]」

そして報告書は、原爆開発の科学部門責任者J・ロバート・オッペンハイマーに関しこう書いた。

「オッペンハイマー博士は、直前の時が一秒一秒と刻まれていくにつれて一段と緊張した。ほとんど息もしないほどであった。博士は、柱につかまって体を支えていた。直前の数秒間、博士は、まっすぐに前方を凝視していたが、アナウンサーの『点火！』と叫ぶ声に続いて、凄まじい閃光が走り、その直後にずっしりとした、轟然たる爆発音が響き渡るや、博士の顔は、緊張から深い安堵の表情に変わった[*2]」

爆発は、高さおよそ三〇メートルの鉄塔上で実現した。その瞬間を、実験に立ち会った『ニューヨーク・タイムズ』特派員が記す。

「それはこの世の光ではなかった。数多くの太陽を一つに寄せ集めたような光であった。それはこの世界がいまだかつて見たことのない日の出であった。（中略）巨大な火の玉はぐんぐん上昇し続け、飛び上がりながらも濃紫からオレンジ色へと色を変え、見る見る大きさを増し、膨れあがり、そしていよいよ高く昇っていった」[*3]

実験の成功によってオッペンハイマーは、物理学者としての満足感に浸った。同時に、ヒンドゥー教聖典バガバッド・ギータの一節が脳裏をよぎった。――もしも一千の太陽の光が　いちどきに天空へ放たれるなら　我は死に至る　世界の破壊者――。

原爆が炸裂した瞬間の閃光は、まさに「一千の太陽」だった。人類は地球と自らを含む生命体の、破滅の道へ踏み込んだ。

この日、七月一六日は、三年八か月に及ぶ太平洋戦争の終結三〇日前にあたる。原爆実験の成否にかかわらず、アメリカの相手国日本は敗戦寸前の状況にあった。

＊1『資料 マンハッタン計画』483ページ　＊2同483ページ　＊3『エノラ・ゲイ』279ページ

奇襲による開戦

太平洋戦争は一九四一年一二月八日、日本時間午前二時一五分に日本陸軍がイギリス領マレー半島（現・マレーシア）のコタバルへ上陸し、海軍の連合艦隊が午前三時一九分にハワイ諸島オアフ島のパールハーバー（日本語呼称・真珠湾）にあるアメリカ軍（米軍）基地を攻撃開始して、火蓋が切られた。真珠湾攻撃は実質的な宣戦布告「対米最後通牒（覚書）」の一時間二分前、公式の宣戦布告よりも八時間二〇分早く、奇襲攻撃になった。奇襲は「不意打ち」とも言う。

　日本は開戦を仕掛けた勢いに乗り、広大な地域、海域、空域を勢力圏に収めた。その範囲は、満州（中国東北部）から東へ南樺太を経てアリューシャン列島のアッツ島とキスカ島、そこから太平洋上を日付変更線にほぼ沿って南へ下り、赤道の南を西へ転じ、中国沿岸部に至る。

　油田なども手に入れた。埋蔵資源が極

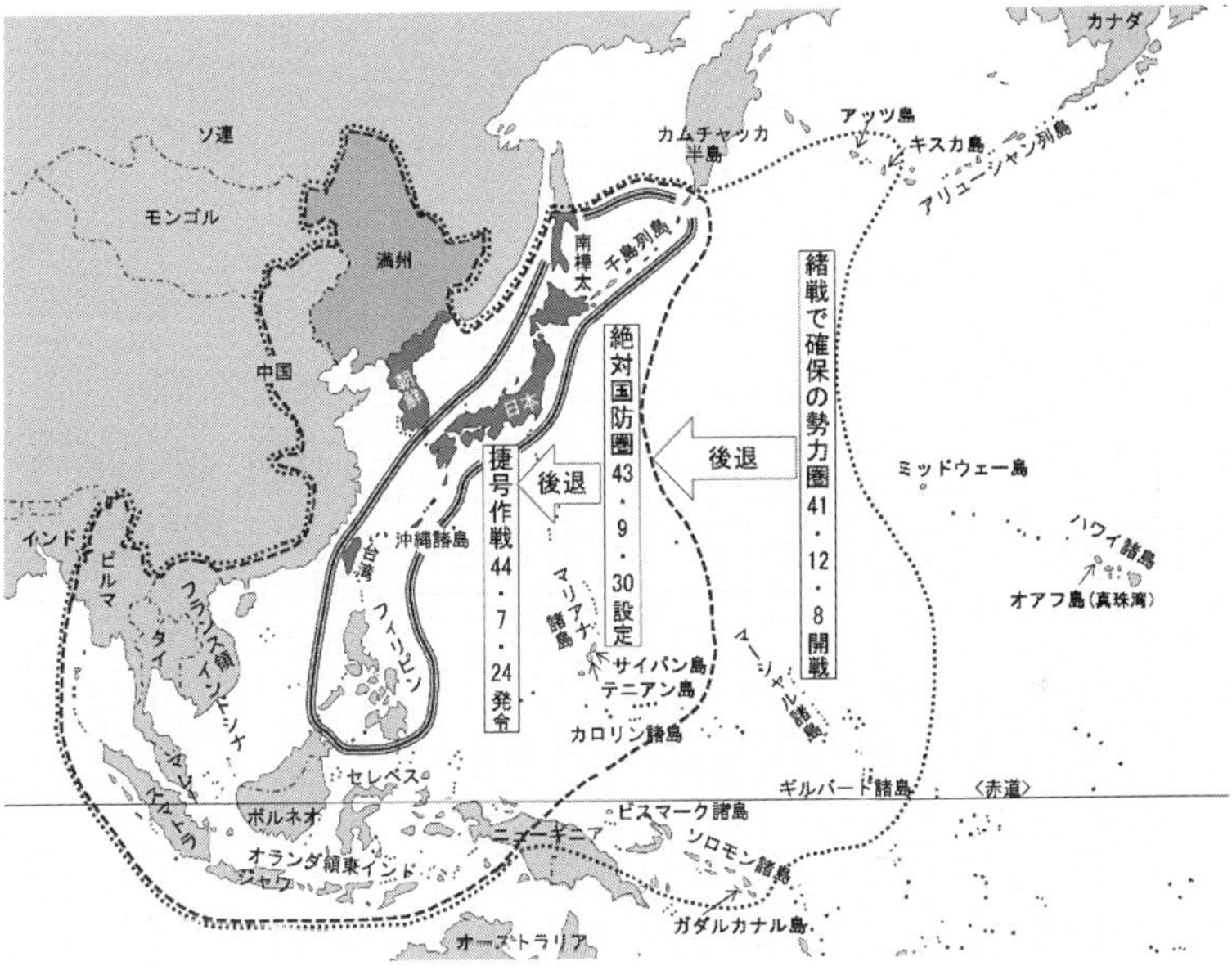

日本軍勢力圏の推移

めて乏しい日本は、石炭も鉄鋼も生産量がアメリカの一割程度しかなく、石油は微少過ぎて比較の論外だった。補給策として、東南アジアの資源保有国を占領しその資源に頼る、との戦略のもとで開戦した。原油や鉱物などを船で日本へ運ぶには、航路における海と空の強固な防衛が必要になる。乏しい戦力を多方面に振り向ける苦慮が、当初からつきまとった。

そんな日本軍守備の隙を衝き、米軍は四二年四月一八日、日本近海へ機動部隊を送り込んだ。そして航空母艦（空母）発進の中型爆撃機B25一六機で、東京、川崎、名古屋など六都市を空襲した。開戦四か月で早くも首都東京を初空襲され、大本営（陸軍部と海軍部で構成する天皇直属の最高統帥機関）は衝撃を受けた。急遽、中部太平洋の防御を強化するため、ミッドウェー島攻略を命じた。しかし日本海軍は六月五日開始のミッドウェー海戦で敗れ、戦力低下の痛手を負った。以後、戦局全般において日本軍と米軍の立場が逆転し、日本軍は防戦に転じた。

この形勢のもとでアメリカは八月一三日、原爆の製造に着手した。「マンハッタン計画」と呼ぶ。

背水の陣

ミッドウェー島攻略に失敗した日本軍は一方で、米軍とオーストラリア軍の連携遮断を画策し、南太平洋ソロモン諸島のガダルカナル島で飛行場を建設中だった。米軍との激突舞台となり、四二年八月八日から一一月一四日にかけ、三次にわたるソロモン海戦を繰り広げた。だが日本軍は力及ばず、制海権も制空権も奪われた。そのためガダルカナル島への弾薬と食糧の補給が途絶え、兵員三万六〇〇〇人のうち二万五〇〇〇人が戦死、餓死、マラリアによる病死で果てた。一二月三一日、大本営はガダルカナル島からの撤退を決断した。日本勢力圏の、南東域を失うことになる。

翌四三年、五月一二日に米軍は、日本軍二五〇〇人が飛行場を守備する北太平洋アリューシャン列島のアッツ島に上陸した。日本軍は全員戦死で無惨に敗れた。大本営は七月二九日、アッツ島の東にあるキスカ島から五二〇〇人を濃霧にまぎれ撤退させた。日本勢力圏の北東域が崩れ去る。

勢力圏の南東域と北東域をたて続けに失う戦況のもとで、大本営は九月三〇日に「絶対国防圏」を設定した。太平洋上を南北に引く線の、起点をキスカ島ではなく西へカムチャッカ半島の先端まで移す。しかし絶対国防圏を維持できたのはわずか九か月、四四年七月七日に西太平洋マリアナ諸島のサイパン島を米軍に奪われ、日本軍三万人が全滅し、絶対国防圏に大きな風穴が開いた。

窮余の策として大本営は、七月二四日に「捷《しょう》号作戦計画」を発令した。捷一号をフィリピン、捷二号を沖縄と台湾、捷三号を九州・四国・本州、捷四号を北海道・千島列島・南樺太とする。それまでの国防圏という広域な戦略を捨て、一本の線で背水の陣を敷く。捷三号に備え政府は八月四日、竹槍による国民総武装を閣議決定した。竹槍は、青竹の先端を斜めに切り落として敵に向かう。

米軍の空襲本格化

サイパン島の占領から四か月、米軍は隣接のテニアン島とともに両島を攻撃発進基地として整備し、B29戦略爆撃機の単独往復飛行による日本本土空襲を四四年一一月二四日に開始した。一二月一七日には、原爆の完成に備え、投下部隊となる第五〇九混成航空群を発足させた。

日本本土空襲は、大編隊で東京を再三再四にわたって襲い、さらに名古屋、大阪、神戸などへ標的を広げていった。使用の砲弾は焼夷弾で、日本の木造家屋に対する燃焼力が非常に強い。

日本軍は高射砲を構え、夜の空を探照灯（サーチライト）で照らしながら反撃した。だが飛行高度の高いB29に、高射砲の弾は届かなかった。B29が焼夷弾投下で低空へ移行の時を撃墜好機とするものの、大編隊を一機ずつ狙い撃つ間に街が猛火に覆われた。

国民は町内会ごとに、バケツの水を手送りし消火する、との訓練を重ねてきた。しかし燃え盛る火の海のバケツリレーはまったく効果がなく、火を消すよりも逃げ延びることが先決だった。

本来は日本軍航空隊が敵機の進入を阻止すべきところ、戦闘機も熟練操縦士も著しく不足していた。当面の重要作戦となる捷一号フィリピン戦と捷二号沖縄戦では、練習機の投入で取り繕う実情にあった。米軍の本土空襲に対処できない。

苦境のもとで翌四五年二月一四日、重臣の近衛文麿が天皇に上奏文を提出した。敗戦必至と見通し、天皇制国家体制護持のため早期の戦争終結を求める。空襲による国民の犠牲拡大を憂うのではなく、天皇制の存続を最大の関心にした。近衛の進言に対し天皇は、「もう一度、戦果をあげてからでないとなかなか話はむずかしいと思う」[*4]と述べ、この時点における戦争終結を拒んだ。陸海軍を統帥する天皇は、米軍に一矢報いることを待望していた。

＊4 『天皇語録』193ジペー

決戦態勢下命

近衛上奏文の提出から一七日後、四五年三月三日に、捷一号のフィリピンが米軍の攻撃で陥落した。捷二号の沖縄も米軍が三月二六日に慶良間諸島へ、四月一日に本島へ上陸し、熾烈な戦いが始まった。沖縄本島への米軍投入兵力は戦闘部隊が八個師団一八万三〇〇〇人、後方支援部隊三六万五〇〇〇人、計五四万八〇〇〇人に及び、日本軍九万六〇〇〇人を圧倒的に上回った。しかも沖縄戦開始の直前に大本営は、「戦果を挙げる」場と天皇が期待の台湾を戦力強化するため、沖縄配備三個師団のうち一個師団の台湾移駐を命じた。だが台湾は戦略的価値が乏しいと米軍に無視され、投入の一個師団が空振りに終わった。そして沖縄は、「捨て石」にされた。

四月八日、大本営は捷三号の米軍日本本土上陸に備え、鈴鹿山系を境界に、東の防衛を担う第一総軍、西を担う第二総軍、ならびに航空総軍をもって迎え撃つ、との決戦態勢を下命した。第一総軍の司令部を東京に、第二総軍の司令部を広島に新設し、軍備の重点を関東と九州に置く。のちに日本がこの戦争に敗れ無条件降伏する日から逆算して、四か月と一週間しか残り時間がなかった。

2 第一目標広島

原爆投下都市選定

本土決戦に備える大本営の三総軍態勢発令と同じ時期、一九四五年四月二七日に米軍は、原爆製造のかたわら日本への投下に向け、目標都市の選定作業を始めた。

投下目標都市は、「東京から西に位置し、高度の戦略的価値を備え、直径三マイル以上の広さがある都市」[*1]とする。三マイルは四・八キロ、すでに焼夷弾空襲で焦土の東京は除外した。東京湾、川崎、横浜、名古屋、京都、大阪、神戸、呉、広島、山口、下関、小倉、八幡、福岡、佐世保、長崎、熊本を、検討の対象に挙げた。各都市の人口は日本が太平洋戦争の開戦前年に国勢調査を実施しており、米軍はその結果を入手し把握できていた。人口、地形、軍事施設、工場分布などを考慮のうえ、原爆の破壊効果が最大となる都市を選ぶ。

一方で日本本土決戦に向け米軍は、九州上陸作戦（暗号名オリンピック作戦、一一月一日開始）と関東地方上陸作戦（コロネット作戦、明年三月一日開始）を五月一〇日の統合幕僚長会議で正式承認した。

翌五月一一日、原爆投下目標都市を京都、広島、横浜、小倉に絞り込んだ。米軍が収集の情報によると、京都は人口一〇〇万の大都市で工業地域も広く、広島は陸軍の重要補給基地を形成し、横浜は多くの軍需工場に加え製油所があり、小倉には日本最大の兵器廠が存在する。この四都市を今後、焼夷弾や通常爆弾で空襲しない、との決定もした。

五月二八日、再度の絞り込みで京都、広島、新潟に改めた。新潟には、港湾施設と製油所がある。この間に沖縄では、日米両軍の激闘が続いていた。そして六月二二日、日本軍司令官が割腹による自決をした。県民の四人に一人が死亡という壮絶な沖縄戦において、日本軍の組織的戦闘がこの日をもって終わった。残るは日本本土のみとなる。

六月三〇日、原爆投下都市選定会議はこれまで常に優先候補としてきた京都を外し、小倉、広島、新潟に変更した。歴史遺産が数多く保存され日本人の精神的拠り所になっている京都の破壊は、アメリカに対する根強い反感を招く、との配慮を重んじた。広島は、一貫して名をとどめる。

＊1『資料 マンハッタン計画』365ジペー

広島の軍事機能

原爆投下目標の広島は、高い軍事価値を備えていた。その歴史は七二年前の一八七三年、日本陸軍発足当初に全国六鎮台の一つとして広島鎮台（のち第五師団と改称）が設置されたことで始まる。

一七年後の一八九〇年、広島県が独自に宇品港《うじな》（現・広島港）を開港し、海上輸送の道を開いた。一八九四年六月一〇日には国鉄（現・JR西日本）の山陽本線が広島まで延長されて兵庫と結ばれ、鉄道輸送の利便性が加わった。延長五一日後の八月一日、日本は日清戦争（対清国〈現・中国〉）を開戦した。直ちに三日後、広島駅から宇品港へ至る軍用鉄道の建設を始め、路線距離五・九キロを工期わずか一七日で完成させた。戦地に向け、出征兵士と軍需物資が全国から広島駅経由で宇品港に集まり、輸送拠点となる。

開戦四六日後には大本営が宮中から広島へ移り、明治天皇の長期滞在によって軍事都市広島の名声が格段に高まった。帝国議会（現・国会）も広島で開催された。

日清戦争ののち日本は、一九〇四年の日露戦争（対ロシア）、一四年の第一次世界大戦（対ドイツ）、三七年の日中戦争（対中国）、四一年の太平洋戦争開戦と、戦争を重ねた。太平洋戦争では、軍用列車が昼夜の区別なく三〇分ごとに宇品駅へ到着した。宇品駅のホームは全国最長の、五六〇メートルを備えていた。

軍港機能に併せ宇品は、陸軍船舶部隊の拠点でもあった。中核の船舶練習部はエンジン付き合板（ベニヤ板）製舟艇に一二〇キロ爆雷二個を積み、乗員一人で敵艦船に向かい、自身の命と引き換えに敵艦の撃沈を期す。

加えて広島は外郭組織の兵器支廠、被服支廠、糧秣支廠、陸軍病院を擁し、市内や郊外に軍需工場が数多く存在した。

宇品港軍用桟橋跡
（南区 宇品波止場公園）

そして太平洋戦争終局の四五年四月八日に、前述の第二総軍司令部所在地となった。六月一二日には、第二総軍配下に軍事行政担当の中国軍管区司令部と作戦任務の第五九軍司令部を新たに設け、本土決戦体制を整えた。中国軍管区司令官が第五九軍司令官を兼務した。

このような機能は米軍にとって、原爆投下基本条件の「高度な戦略的価値」となる。

とはいえ各部隊の内情は、決して高度ではなかった。第五九軍配下で部隊編成中の第二二四師団工兵隊における実態を、編成実務担当の二四歳兵士が綴った。「手足の不自由な者、高齢者など通常では戦闘に参加できないような者まで召集されていた」[*2]。

しかも歩兵に必需の小銃が不足した。第二総軍司令官自身が回顧録にこう書いている。「歩兵の如きは師団に於て、銃器銃剣はその半数にも達せず、（中略）手榴弾の如きも種々民間の創意に依るものありしが、威力用ふるに足らず」[*3]。さらに歩兵第一補充隊幹部候補生が記す。「ごぼう剣（引用注・銃剣）の鉄製のサヤは木か竹のサヤに姿を変え、水筒は竹筒になっていた」[*4]。

そのような貧弱の極みとして、国民を竹槍で総武装させる。

＊2『原子爆弾―広島の姿』25ページ　＊3『元帥 畑俊六獄中獄外の日誌 前編』242ページ
＊4『広島原爆戦災誌 第二巻』179ページ

高まる緊迫

第二総軍司令部新設から二〇日余りのち、四月三〇日の午前七時ごろ、広島市はB29一機によって中国配電（現・中国電力）本店のある小町《こまち》という地区を中心に、一〇個の通常爆弾を投下された。東京などの大都市に比べると、被害は軽かった。

対照的に二〇キロ先の呉市は、五月五日に多大な打撃を受けた。呉は日本海軍の重要拠点で、鎮守府や軍港が存在した。この日は航空機生産工廠などを攻撃され、B29のべ一三〇機による二五〇キロ爆弾九一発を浴びた。

広島県は、中国地方最大の都市で県庁所在地でもある広島市への大空襲は必至と想定し、その規模を「B29三〇〇機、うち焼夷弾攻撃一五〇機、爆弾攻撃一五〇機」[*5]と仮定のうえ、広島市域対象の特設救護隊を六月二五日に発足させた。医師や薬剤師などで編成し、迅速な市民救護を期す。

県庁舎が罹災の場合の移転先も決め、七月一日に関係機関へ通知した。広島市役所を第一候補に、それが駄目なら本川《ほんかわ》国民学校、第三候補は商工経済会（現・商工会議所）、第四に安芸《あき》高等女学校、さらに福屋百貨店四階を第五の候補とする。

その七月一日、呉市が再び米軍に襲われた。市街地への無差別爆撃で死者一八三一人、重軽傷者四五四人、行方不明五二人、家屋全半壊二万二一六八戸の、大きな被害が後に残った。

七月五日、広島市は市民に対して、老幼者と重病者および妊産婦の疎開促進、臨時救護所の開設、罹災証明書発行場所の周知など、緊急防衛態勢の徹底を図った。罹災証明書は、およそ二〇万枚を市内の国民学校（現・小学校）に配布した。校庭の、砂場の南東隅に埋めて保管する。

併せて、避難用筏の設置場所も市民に伝えた。広島市域には、猿猴《えんこう》川、京橋《きょうばし》川、元安《もとやす》川、本川（現・旧太田川〈本川〉）、天満《てんま》川、福島《ふくしま》川（戦後に埋め立て消滅）、山手《やまて》川（現・太田川放水路）、という七本の川が南北に流れている。橋が爆破された時、筏が唯一の脱出手段になる。七月一三日には町内会を通じ、「竹の筒を二本ずつ麻縄でくくった」[*6]救命胴衣二〇万個を各家庭に貸与した。

防空態勢も整えた。米軍機が近づくと警戒警報を発令する。市民は外出を禁止され、夜間の場合は直ちに窓を暗幕で隠し、家庭では電灯の笠の周りを黒い布で覆い、明かりの漏れを防ぐ。灯火管制と称した。攻撃される危険が高まれば空襲警報発令となり、人々は防空壕に駆け込んだ。

市民への警報伝達は、サイレン、ラジオ放送、町内会役員の口頭による触れ回り、などの手段を用いた。サイレンは空襲警報の場合、六秒間の吹鳴と三秒休止を一〇回繰り返す。人心を、さむざむと揺さぶった。米軍機が広島の上空を通過するだけでも、警報が発令された。しかも三月以降の米軍による空襲本格化に伴い、広島市域はほぼ連日の警報発令になった。

だが広島に対する空襲は前述の四月三〇日のみで、その後は一度も襲われたことがない。二七歳の主婦が手記にこう書いた。

「都会はどこも空襲を受けているのに、広島だけが何事もないのが、言いようのないほど不気味で不安でした」[*7]

米軍は五月一一日以降、原爆投下候補地に対する焼夷弾や通常爆弾使用の空襲をしないと決めていた。原爆の破壊力を正確に知るため投下の日まで、広島の街並みと市民生活を温存する。

米軍野戦命令第一三号

広島市が竹筒の救命胴衣を配布した三日後、七月一六日に米軍は、既述の原爆実験を成功させた。投下目標都市の選定も最終段階に入り、七月二三日には目標三都市の順位を従来の小倉、広島、新潟から、広島、小倉、新潟に並び替え、翌二四日、長崎を加えた。

一方でアメリカ、イギリス、中国の三国首脳が七月二六日に、ポツダム宣言を発表した。日本に、無条件降伏を迫る。拒否すれば、日本の「迅速かつ完全なる壊滅あるのみ」と告げた。鈴木貫太郎首相は、ポツダム宣言の黙殺と戦争遂行を記者団に語った。

八月二日、米軍は、原爆投下目標四都市から新潟を省いた。そしてテニアン島で出撃命令を待つ投下部隊の第五〇九混成航空群に対し、野戦命令第一三号「第一目標広島、第二目標小倉、第三目標長崎、投下決行日八月六日」[*8]を伝達した。

米軍が把握の人口は広島三五万人、小倉一八万人、長崎二一万人。人口最多の広島は日本軍将兵（将校および兵士）の在籍人員よりも、老人、女性、子供を含む一般市民総数の方が八倍多い。人々は、米軍が原爆の殺傷力を知るための実験台に載せられた。

＊5『広島県庁原爆被災誌』36ページ　＊6『原爆ゆるすまじ』153ページ
＊7『いつまでも絶えることなく』156ページ

＊8『米軍資料 原爆投下報告書』153～154ページ

投下前夜

八月五日午後九時二〇分、広島市内に警戒警報が発令され、同二七分、空襲警報に切り替わった。広島市内の主要な建物には、それぞれ自主防空要員の配置が義務づけられていた。焼夷弾を落とされたら、直ちに消火する。広島県庁舎もその一つで、空襲警報発令に伴い防空当直員二〇〇人が配置に就いた。その一人が記す。

「満天星をちりばめて、銀河流るゝ美しい眞夏の夜であつた。豊後水道を通過した第一梯團、第二梯團、第三梯團は數十機一團となつて、廣島湾上空に轟々たるうなりをたてた。今にも廣島全市を襲いそうな緊迫した空氣を身におぼえた。今日こそは、この廣島市が焼夷弾攻撃をうける運命の日と、みんな最後のはらをきめたのだつた[*9]」

そんな覚悟をもてあそぶかのように、米軍の編隊は広島市上空を何度か旋回ののち、攻撃地を山口県の宇部市へ転じた。午後一一時五五分、広島市内の空襲警報が解除になった。

その三〇分後、六日午前〇時二五分に、またも空襲警報が発令された。

「午前零時半頃、空襲警報を告げるサイレン音に跳ね起きた。毎晩のようにつづくB29の来襲で心身ともに疲れ、やられてもいい、このまま眠っていたいと思う[*10]」

中国新聞社のカメラマンがそう綴った。米軍の編隊は広島上空を通り過ぎ、兵庫県の西宮市内を空襲した。頻繁に広島を経由する米軍の行動は、原爆投下に先立ち広島市民を精神的に衰弱させ、警戒心を鈍らせる作戦かも知れない。

こうして広島は、一九四五年八月六日を迎えた。

3 その日の朝

*9『天よりの大いなる声』16ジペー
*10『消えたペン』218〜219ジペー

エノラ・ゲイ号発進

八月六日、日本時間の午前〇時三七分から四六分にかけ、三機のB29がテニアン島の米軍基地を飛び立った。いずれも気象観測機で、広島と小倉と長崎へ向かう。

ほぼ一時間後の一時四五分、原爆搭載のエノラ・ゲイ号が滑走を始めた。二分後に科学観測機、さらに二分の間を置いて写真撮影機が離陸した。第一目標広島への飛行時間は六時間半、八時一五分ごろの到達を見込んでいた。

原爆搭載機の機名エノラ・ゲイは、機長（第五〇九混成航空群指揮官）の母親の名前として知られている。機長がペンキ職人に命じ、機首左側面の機長席真下に大きな文字で書かせた。母親は生命を産み育てるのに、その名を付した爆撃機は人類史上未曽有の虐殺に向かう。愛する母の名の誇示が、軍人の非情と冷酷を際立たせる。当の機長は後年、広島の被爆者との会見でこう述べた。

「将来、万一戦争が起きて、原爆投下を命令されれば、私は再び同じことをするでしょう。それが戦争の論理であり、軍人の論理です。戦争が起これば、その論理で対応していくしかありません」*1

戦争は、人間の心を裏返しにしてしまう。

＊１『ヒロシマ いのちの伝言』228ページ

リトルボーイ

原爆は、正しくは「原子爆弾」と言う。原子は物質が化学的性質（物質の種類）を保ち得る最小の粒子として存在し、一個の原子核と複数の電子から成る。原子核は陽子と中性子で構成され、陽子の数によって原子の化学的性質が決まる。

多くの物質のうちウラン235は、原子核に外部から別の中性子を衝突させると、衝突した中性子を原子核が吸収し、原子核が二つに分裂する。分裂に伴い、複数の中性子と熱エネルギーが放出され、放出された中性子が別の原子核に衝突して新たな分裂をもたらす。分裂の連鎖は一個が二個、二個が四個、四個が八個…と進展を続け、分裂のたびに生じるエネルギーが蓄積を重ね膨大になる。

そんな物理現象をアメリカは、武器に応用した。ウランのみならず、プルトニウムも核分裂を起こす。既述のアラモゴード砂漠における原爆実験は、プルトニウム型だった。

エノラ・ゲイ号に搭載のウラン型原爆は、リトルボーイと呼ばれた。長さ三・二メートル、直径七一センチの円筒形で重量四トン、内部に一本の筒を装備してあり、筒の先端と、一・八メートル後部とにそれぞれウラン235の充填容器を配置した。ウランの量は先端部分が一七ポンド（七・七キログラム）、後部が五ポンド（二・三キログラム）で、後部ウラン容器の後ろに爆薬と起爆装置を取り付ける。起爆装置が働くと、爆薬の爆発力で後部のウランが直進して先端部分のウランに衝突し、核分裂の連鎖反応が始まる。

エノラ・ゲイ号の機内ではテニアン基地離陸の一五分後、午前二時に、乗員が起爆装置の取り付け作業を開始した。それまでの訓練で作業は充分に慣れており、所要時間一五分で問題なく終えた。

快晴の広島

八月六日午前五時二四分、広島の夜が明けた。真夏の青空が全面に広がる。

六時三〇分、太平洋上を飛行のエノラ・ゲイ号機内で、最終作業が実行された。リトルボーイの緑色プラグ三個を外し、赤色のプラグをはめ込む。安全確保のため緑色プラグで寸断していたリトルボーイの電気回路が、赤色プラグで開通した。投下後の爆発が確実になる。

七時九分、広島市内に警戒警報のサイレンが響き渡った。上空に、B29気象観測機が飛来していた。広島駅北方の二葉山《ふたばやま》、南方の比治山《ひじやま》、さらに南の宇品で、陸軍高射砲隊が射撃態勢を整えた。弾丸の射程距離は七〇〇〇メートル、B29はこの気象観測機に限らず他の機も常に、一万メートルの高度を悠々と飛行した。

七時二五分、気象観測機がエノラ・ゲイ号に、暗号電波を送った。空の高さを三区分し、各層の雲量を伝える。原爆投下にあたりエノラ・ゲイ号は目標地点を明確に捉えるため、レーダーの使用を避け、白昼の目視確認を必須条件とした。目視は、明瞭の程度が雲の量に影響される。気象観測機は暗号文の末尾に、次の一文を添えた。「第一目標爆撃をすすめる*2（引用注・勧める）」。

七時三一分、気象観測機の退去に伴い、広島の警戒警報が解除になった。ラジオ放送によると、「中国軍管区内上空に敵機なし」[*3]。人々は安堵して緊張を解き、出勤、勤労動員、登校へと散り、あるいは家事を始めた。蝉がにぎやかな鳴き声で、この日の暑さを告げていた。

＊2『エノラ・ゲイ』428㌻
＊3『広島原爆戦災誌 第一巻』55㌻

それぞれの役割

八月六日は月曜日だった。といっても戦時中の国民生活は、曜日に関係なかった。「月月火水木金金」と歌いながら、年中働いた。

勤労は勤め人だけでなく、大学生や高等学校生はもとより、中等学校（中学校、高等女学校、実業学校）の四年生（一五歳〜一六歳）以下二年生（一三歳〜一四歳）までを動員した。さらに国民学校高等科（一二歳〜一四歳）の生徒も一部が加わり、軍需工場や軍の施設、官庁などで働いた。青壮年の男子が根こそぎの招集で兵隊に取られ、労働力の深刻な不足を来たしており、その穴埋めを学徒（学生および生徒）が担う。この日の動員数は、およそ一万九四〇〇人を数えた。中等学校は本来が五年制でありながら、戦時の措置として四年制に短縮されていた。

建物疎開作業への動員も、大規模に行なわれた。米軍の焼夷弾空襲による延焼を防ぐため、民家を壊し、空地を造る。市内一三三か所のべ二万七一〇〇平方メートルの計画で前年一一月の第一次作業を手始めに、この年七月二三日から第六次作業に入っていた。そして八月一〇日の作業完了予定を前に、八月六日を迎えた。中等学校の一年生（一二歳〜一三歳）と一部二年生、ならびに国民学校高等科の生徒を合わせ、七七〇〇人が六か所で従事した。在郷の退役軍人で組織する特設警備隊が棟木や柱にロープを掛け、柱を鋸で切断し、動員のみんなで綱引きのようにロープを引き、家を倒す。生徒たちが屋根瓦を道路端に積み上げ、片付ける。

　地域義勇隊と職域義勇隊の計一万二〇〇〇人も、朝の作業開始に集まった。義勇隊は六月二三日公布の国民義勇兵役法にもとづき、兵隊と学徒を除く一般男子の一五歳から六〇歳、女子は勤労動員の挺身隊員（二五歳未満の未婚女性）を除く一七歳から四〇歳が、国民義勇戦闘隊に編入された。本土決戦の戦力になる。広島の大塚惟精知事は広島県国民義勇隊（本部長・知事）結成協議会において、「全国民一億ガ悉ク戦列ニ参加スル組織デアリ最後ハ此ノ義勇隊ノ一員トシテ欣然死地ニ就キ得ル組織トナラネバナラヌ」[*4]と訓示した。「欣然＝喜び快く」死を覚悟しよう、と説く。隊は行動のたびに全員で、「いま生きんとすれば亡び、死を決すれば必ず勝つ」[*5]との「広島市国民義勇隊決意」を声高らかに唱えた。

　一方でこれらの動員対象外となる国民学校初等科（一年生〜六年生）生徒のうち、三年生以上（八歳〜一二歳）には、市外への転住を奨励した。その結果、親族の縁故を頼って田舎へ移りその地域の学校に通う者およそ一万七五〇〇人、引率教師と郡部の寺院で集団生活する者八四〇〇人、病弱で疎開せずに残る者一万五八〇〇人、に分かれた。自宅に留まる残留児童ならびに疎開対象外の一年生（六歳〜七歳）と二年生（七歳〜八歳）は、自分の学校が陸軍部隊の宿舎にされているため、教室の一部や近隣のお寺、集会所などに分散し授業を受けた。夏休みはなかった。

＊4『広島県庁原爆被災誌』41㌻
＊5『広島市被爆70年史』175㌻

4　原爆投下

中国軍管区司令部防空作戦室

八月六日午前七時三一分、既述のB29気象観測機退去に伴い、警戒警報が解除された。

警戒警報や空襲警報を発令し解除する権限は、中国軍管区司令部防空作戦室が掌握していた。各地に設置の防空監視哨から集まる敵機飛行通報が、発令もしくは解除の

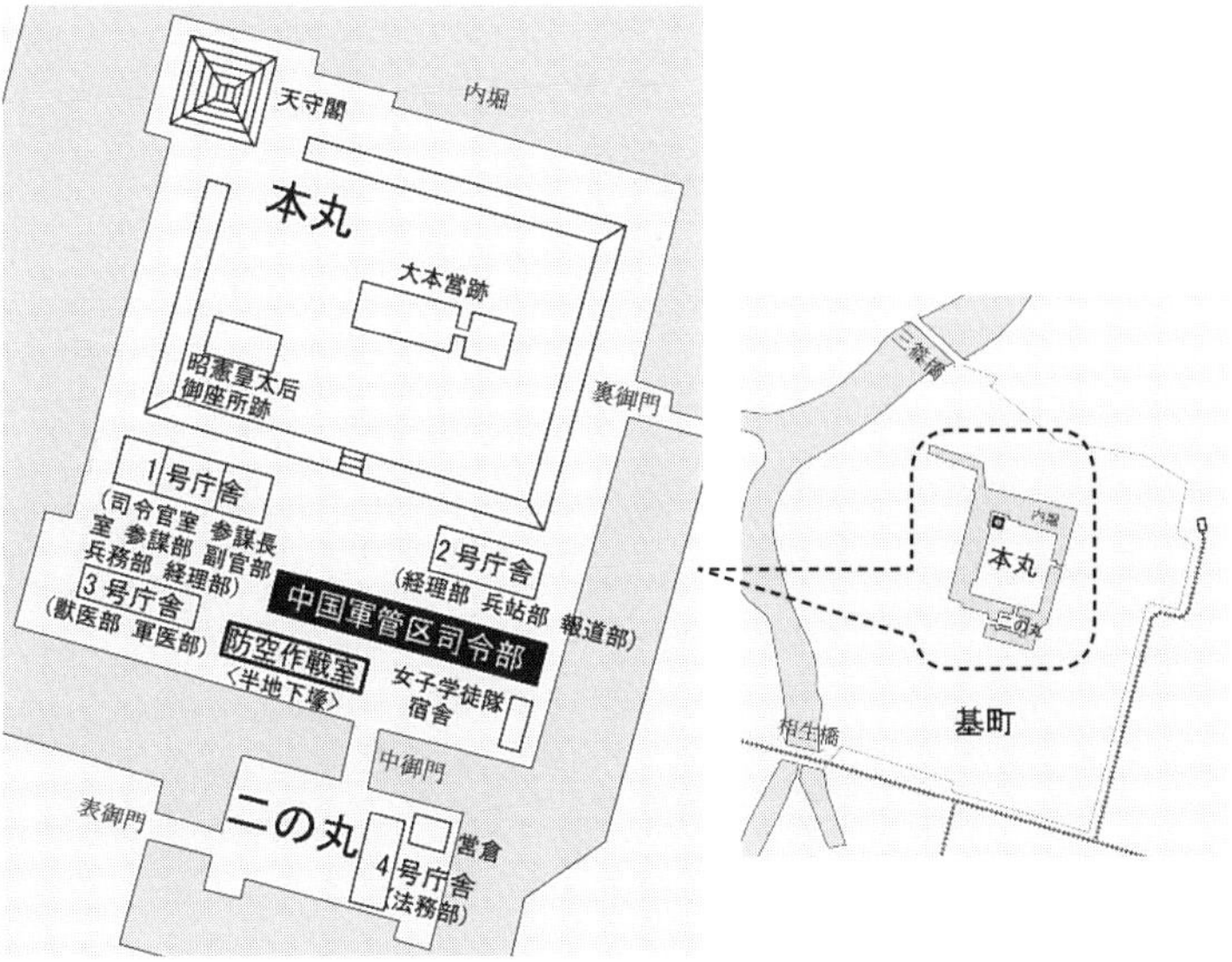

広島城本丸と二の丸の陸軍施設

決め手になる。監視哨は広島県内に三三か所、中国地方五県で一〇〇か所余りあった。

一方、海軍の呉鎮守府も独自に収集の情報にもとづき、呉地区と徳山地区ならびに周辺の海上へ警報を伝え、相応の態勢を敷く。

中国軍管区司令部は、広島城の本丸および二の丸に所在した。庁舎四棟と防空作戦室を擁す。庁舎は一号庁舎の中央部分が煉瓦造り、他はすべて木造だった。

防空作戦室は鉄筋コンクリート半地下式構造で、内部に情報室、通信室、指揮連絡室、作戦指令室を備えていた。監視哨からの敵機情報は電話で情報室に入り、作戦指令室へ転送される。指令室の参謀が警報発令か否かを即断し、発令の場合は指揮連絡室に命じ電話で関係機関へ一斉に伝える。ほどなく、警戒警報あるいは空襲警報のサイレンが街に鳴り響く。

併せて、作戦指令室に隣接のラジオ放送用簡易スタジオを使い、広島中央放送局（現・NHK広島放送局）のアナウンサーが警報発令や敵機情報の文章を規定の形式にもとづいて読み上げる。その音声は有線で上流川町《かみながれかわちょう》の広島中央放送局調整室へ送られ、さらに送信設備の原放送所へ有線で送り、臨時放送が始まる。

防空作戦室の情報室と指揮連絡室には、勤労動員の比治山高等女学校三年生が常時待機していた。およそ九〇人が三交替で、二四時間勤務をした。

午前八時一五分

前述の午前七時三一分警戒警報解除から三五分後、午前八時六分に、広島市の東八四キロにある福山市松永町の監視哨がB29の爆音に気づき、西へ向かう二機を双眼鏡で捉えた。エノラ・ゲイ号と、科学観測機だった。直ちに、中国軍管区司令部防空作戦室の情報室へ通報した。後日の司令部作成記録「八・六廣島市被害状況」に、「〇八〇六松永監視哨ハ西北進中ノ敵大型二機ヲ發見〇八〇九更ニ同哨ヨリ三機ト訂正」[*1]との一文がある。八時九分の追加一機は、エノラ・ゲイ号と科学観測機に続く写真撮影機を目撃したことによる。

情報室の女生徒が松永監視哨から敵機の飛行方位や高度などを聞き取り、目の前の情報装置を操作し、作戦指令室へ情報を送った。指令室の壁面には、透明な樹脂の板で保護する大きな地図が取り付けられていた。中国地方全域と四国地方北部を表示し、防空監視哨の位置に豆電球を埋め込んでいる。松永監視哨の豆電球が、赤く灯った。

八時一五分、作戦指令室と指揮連絡室を仕切る壁の小窓が開き、伝令紙片が指揮連絡室に渡された。「〇八一三 ヒロシマ ヤマグチ ケハ」と書かれていた。「八時一三分 広島県 山口県 警戒警報発令」と読む。指揮連絡室の女生徒がすぐさま、電話による警報発令の伝達に取り掛かった。

*1『広島原爆戦災誌 第五巻』835ページ

八時一五分一七秒

指揮連絡室に伝令紙片が渡された午前八時一五分は、エノラ・ゲイ号が原爆を投下する予定時刻でもあった。投下目標地点は相生橋《あいおい》。元安川と本川の分流個所にあり、他に例のないT字型の橋が、格好の目印になった。

高度九六〇〇メートル、対地時速五三〇キロ（秒速一四七メートル）、向かい風。爆撃手が眼下の相生橋を目視で捉えた。八時一五分二秒、自動時限装置のボタンを押した。一五秒後の八時一五分一七秒、爆弾倉の扉が開いた。原爆が機体を離れ、無音の落下を始めた。風の影響を最小限にとどめるため、パラシュート（落下傘）なしの自然落下をさせた。

投下四三秒後に電気回路が作動し、炸裂する。四三秒は、地上に対して最大の破壊力を発揮できる高度までの落下秒数であり、一方で、エノラ・ゲイ号が安全圏内へ逃げるため必要な秒数として設定された。

相生橋（手前が元安川 向こう側が本川）

八時一六分〇秒

高度九六〇〇メートルで原爆を投下後にエノラ・ゲイ号は、急降下による加速を開始した。急降下しながら一五五度の右旋回で進路を東北東から北へ転じ、追い風に乗り、原爆炸裂による機体への影響回避を全力で図った。

随行の科学観測機はエノラ・ゲイ号の原爆投下に合わせ、爆発感知用の無線通信機器三個を放出した。そして急降下による左旋回で、安全圏へ向かった。無線通信機器は長さ九〇センチ、直径二〇センチのアルミニウム製容器に納め、直径五メートルのパラシュートで吊るしていた。原爆炸裂時の気圧や気温の変化を測定し、発信する。

投下四三秒後の八時一六分〇秒、高度五八〇メートルで原爆が炸裂した。直下の爆心地は、細工町《さいくまち》一九番地にある島外科病院（現・島内科病院）の建物南東側だった。目標の相生橋中心点から、南南東へ二九〇メートルずれた。

この高度と爆心地は被爆線量研究者たちが五七年後に再検証した結果、五八〇メートルではなく六〇〇メートル、南東側が南西側に、修正された。

島内科病院
（左側中央の建物　中区大手町１丁目）

閃光とキノコ雲

一九四五年八月六日午前八時一六分〇秒、人類史上初となる実戦用原爆が広島で炸裂した。その瞬間を人々は、どんなふうに見たのだろうか。

広島市の東方に、賀茂《かも》郡原村（現・東広島市八本松町原）がある。広島高等師範学校附属中学校の一年生一〇〇人が、農村動員の名目で疎開していた。そのうち五人が広島へ帰省するため、山陽本線八本松駅で列車の到着を待った。爆心地の東北東二二キロにあたる。

ほかにも広島行を待つ乗客が、かなりプラットフォームに立っていました。「もう、そろそろかな」と、線路の向うをのぞき見た、その時でした。一瞬、眼の前が、いや世界中がギラッと真っ白に光ったのです。「……!」その瞬間、全員が凍りついたように立ちつくしていました。ややあって、「退避、退避!」という声がしましたが、誰も動く者はなく、光りの来たその先――はるか広島のあるはずの山あいを見つめていました。不思議にも、その方角から空の色が、パッパッとこちらに向ってオレンジ色に変ってくるのです。すごいスピードで!「あっ、来たな」と思ったとたん、「ズーン」という強い衝撃があたりを動かしました。（中略）

山と山が重なった彼方の空に、ものすごい勢いで渦巻く雲が立ち昇りはじめ、あっという間に、あのキノコのような形になりました。それでもなお、雲の渦巻きは高く高く突き上って行き、その横腹をポツンと小さな落下傘が、二つ、三つと流されていました。

ようやく我にかえった人びとが、口ぐちに何か叫びはじめ、あちこちと目的もなく駆けだしていきます。[*2]

広島が、奈落の底へ転がり始めた。

*2『昭和二十年の記録』28ジペー

警戒警報発令なし

炸裂一分前の午前八時一五分、中国軍管区司令部防空作戦室に再び戻る。伝令紙片「〇八一三 ヒロシマ ヤマグチ ケハ」を受け取った指揮連絡室の女生徒一人が、こう記す。

八時十五分警戒警報発令の伝令が飛ぶ。私は警報を各司令部、報道関係に知らせる役目をして居たので、交換機に一度に数本のコードをさして相手をよんだ。(中略)一せいに出た相手の方《かた》に、「広島山口、警戒警報発令」を言いかけた途端ものすごい紫色の閃光が目を射り、何か事故が…と思う瞬間、意識を失った。[*3]

防空作戦室
(米軍撮影 広島平和記念資料館提供)

半地下式建屋の地上部分に、換気の窓がいくつかあった。その窓を原爆炸裂の閃光が照射し、爆風が吹き込んだ。女生徒は弾き飛ばされた。

別の生徒も、炸裂の瞬間を書き留めている。


ピカッ！　アッ！　次の瞬間ドカーン！

私が吉島飛行場と宇品の高射砲隊へ「八時十三分警戒警報発令」を送信中のこと、机も電話機も吹っ飛んだ。立ちこめるホコリで一寸先も見えない。[*4]

このように、電話による伝達は関係機関への通話を始めた時点、「言いかけた途端」に中断した。中国軍管区司令部作成「八・六廣島市被害状況」記録に、「警戒警報ヲ發令セントスルヤ〇八一五（引用注・正確な時刻は〇八一六）爆撃ヲ受ク」[*5]の記述がある。

警報発令の伝達が未遂のため、街のサイレンは鳴らず、ラジオの臨時放送もなかった。防空作戦室内の簡易スタジオは、放送局員が不在で無人だった。エノラ・ゲイ号進入の一時間半ほど前に局員が司令部を退去し、上流川町の広島中央放送局に戻っていた。司令部での常駐が義務づけられていたわけではない。簡易スタジオからの放送が不能な場合は、広島中央放送局が比治山高女生徒の電話を受け、放送する。余分な時間がかかり、しかも電話はすぐさま切れた。

警戒警報の発令がないので人々は、上空のB29に気を許したまま、仕事や家事を続けた。そして原爆が炸裂し、瞬時の惨状に投げ込まれた。エノラ・ゲイ号の進入と、警報発令のなかったことが広島市民にとって、二重の不幸になった。

八時六分の監視哨報告から八時一五分の伝令まで九分間、八時九分の監視哨追加報告から伝令まで六分間、一分あれば人々が屋内や物陰に身を隠せる緊急時に、なぜそれほどの時間を要したのか。警報の発令を命じる参謀が、作戦指令室の自席を離れ外出していたことによる。

中国軍管区司令部参謀長の手記に、次の記述がある。被爆前、広島城本丸の司令部一号庁舎二階に三人の参謀が集まっていた。三人のうちの一人が、警報担当参謀だった。他の参謀二人が「南の窓（引用注・爆心地側）に背を向けて、大きな机の前に腰掛け[*6]」、警報担当参謀は「机の向こう側に立って、二人と話しをしていた[*7]」。閃光が走り、衝撃波が南側の壁を突き倒した。壁を背の参謀二人は「机にうっぷしたまま、それっきり即死[*8]」、警報担当参謀は「階段の上り口のところに吹き飛ばされて、階下に転がり[*9]」落ちた。そして瓦礫に埋もれた。

階下に転落した参謀の姿を、比治山高女生徒が屋外で目に止めた。「上半身真っ裸でその背中には指二本大のくさった木のかけらがささり込み[*10]」、負傷の体で悄然としていた。もう一人の生徒も、「背中に二十センチ程の棒切れが突きささった[*11]」状態と記す。被爆前の室内で、暑さをしのぐため裸になっていたのだろう。風紀を重んじる軍隊でありながら、上衣なしの裸が公認されていた。

その司令部一号庁舎二階へ参謀の部下が作戦指令室から駆けつけ、松永監視哨の通報を伝え、警戒警報発令の命令を受領して再び作戦指令室へ走って戻った。往復に多くの時間を費やし、指揮連絡室への「〇八一三 ヒロシマ ヤマグチ ケハ」伝令に手間取った。

従来の通常爆弾や焼夷弾であれば、被害が一瞬で広範に及ぶことはない。その概念をはるかに超越する、絶大な破壊力の原爆が炸裂した。無防備の惨状が広がる。

＊3『炎のなかに』28ページ　＊4『比治山学園史』392ページ
＊5『広島原爆戦災誌 第五巻』838ページ
＊6『「文藝春秋」にみる昭和史 第一巻』660ページ　＊7同660ページ　＊8同660ページ　＊9同660ページ
＊10『炎のなかに』18ページ　＊11同30ページ

5 原爆の特性

放射線

広島の原爆は投下四三秒後に起爆装置が働き、先端と後方に装備のウランが衝突して核分裂を開始した。分裂の連鎖を急速に重ね、膨大なエネルギーを蓄積し炸裂に至った。最初の分裂開始から炸裂までの所要時間は「一〇〇万分の一秒」[＊1]だと、科学者たちが算定した。人間のまばたきよりもはるかに短い。

その一〇〇万分の一秒の間、すなわち核分裂の連鎖反応が進行中に、余剰中性子が発生し莫大になる。そして、原爆の炸裂と同時に空中へ放出される。中性子は屋外で人の体に直接入り込み、あるいは建造物を通り抜けて屋内の人体に入り、細胞を破壊し死へ導く。一方で中性子はさまざまな物質との核反応によって、ガンマ線など新たな放射線を発生する。ガンマ線も中性子と同様に、人体を蝕む。中性子の遮断は、人間の周りを鉛の板で囲うことが唯一の策になる。

原爆が広島の人々へ及ぼす加害は、放射線の照射で始まった。放射線は目に見えない。

＊1『原爆投下・10秒の衝撃』50ページ

熱線

原爆炸裂後の空中には、超高温の空気が塊となって残る。火球と呼ぶ。火球の直径と温度は、時間の経過とともに相反の変化をたどる。炸裂から一〇〇万分の一五秒後で直径二〇メートル、温度四〇万度、色は白。〇・二秒後に直径がおよそ三〇〇メートルに膨らみ、温度は六〇〇〇度、色が黄色に変わる。六〇〇〇度は太陽の表面温度に等しい。

この熱線が、先の放射線に続く第二の加害要因となった。人体に火傷をもたらし、建造物や樹木を燃やす。ちなみに金属の鉄は一五三六度で溶け、二八六三度で沸騰し始める。

熱線の放出量は、原爆炸裂の二秒後で九〇パーセントに及ぶ。つまり被爆者の火傷は大半が、わずか二秒以内という瞬時の受傷になる。受傷の熱線温度は、爆心地からの距離で差を生じる。

熱線は放射線と同様に、目で見ることができない。だけど熱線は、体感をもたらす。人々は、どのように感じたのだろうか。爆心地の南南東一・六キロないし二・二キロの平野町《ひらのまち》で、二八歳の女性が自宅室内にいた。


ふと遠いところで飛行機の爆音がした。（中略）

敵機は毎日のように上空を素通りしていたので、警報は解除されてはいるし、すっかり気をゆるめていた。

「ブルーン」

突然屋根すれすれの高さに眼前を機影が横切った。かつてないことであった。

「おや！　B29！　どこへ！」

と素早く上昇して行った機を求め、西方の空を仰いだ瞬間
「ボッ！」

まるで写真のマグネシュームを焚くにも似た赤黄色の光体が、眼前いっぱいに浮んだかと思うと、「パッ！」と炸裂した。そして私は体中にパラパラッと弾丸でも打ちこまれるような感じと、うずくような熱さを覚えながら、分らなくなってしまった。*2


マグネシウムは写真撮影に使われ、カメラのシャッターを押すとまぶしく発光する仕組みになっていた。ストロボはまだ実用化されていなかった。「弾丸でも打ちこまれるような」「うずくような熱さ」が、熱線の体感だった。手記はこう続く。

私は目がみえなくなっていた。手を上げようとしたが、右手は重くて自由にならなかった。左手先でソッと顔に触れた。額、頬、口、まるで豆腐と蒟蒻《こんにゃく》をつきまぜたような感じで鼻がないようにブクブクに膨れ上っていた。[*3]

火傷は、小さな傷でさえチリチリと痛む。顔の全面ではどのような痛さなのか、他者の想像はとても及ばない。

右記の女性とほぼ同じ一・七キロ、北北西方向の国鉄横川《よこがわ》駅に勤務する一八歳男性が屋外で防空壕を掘っている時、素肌に熱線を浴びた。

あんまり暑いんで丁度裸になって汗をふきよったと思うんですがね、電車のスパークみたいな、写真をとるときのフラッシュみたいな、ものすごい強烈な光がしたんです。光で全部が真っ黄色になりました。目を射るような光でしたね。

こう、体をジリジリーッちゅう、鉄板の上で肉を焼くような音がして、体が硬直したような状態になって、焼けるのが自分の目の前で見えたですよね。ジリジリーと焼けるのが、瞬間ですけどね。[*4]

頸部、胸部、腹部、左腕、両脚に、重度の火傷をした。

衝撃波

熱線の放出量は前述のように、炸裂の二秒後で九〇パーセントに及んだ。続いて、衝撃波による建造物の破壊が始まる。

炸裂によって火球が出現し急激に膨張することは、すでに述べた。膨張に伴い周囲の空気が圧縮され、圧縮によって空気が圧力を帯び、衝撃波となる。地上においては、到達した衝撃波の前部が反射して跳ね返り、それを衝撃波の後部が押し戻すため、圧力が一層強まる。その相乗効果が最大となる炸裂高度はおよそ六〇〇メートルだと、米軍は計算のうえ広島に投下した。

衝撃波の圧力は直下で一平方メートル当たりおよそ二〇トン、直ちに四方へ拡散する。圧力を弱めつつ炸裂の三秒後に半径一・五キロ（秒速五〇〇メートル）、七秒後に三キロ（秒速四三〇メートル）、一〇秒後に四キロ（秒速四〇〇メートル）まで達した。

半径四キロは、広島の市域をほぼ覆う。鉄筋コンクリート建造物の窓から窓へ突き抜けて内部を砕き、木造の校舎や民家をまたたく間になぎ倒し、人々を弾き飛ばした。人体による風圧の知覚は、六〇キロ余り先まで及んだ。衝撃波が広島の人々への、第三の加害要因になった。

爆心地の北東四・五キロから北北東六キロにかけ、安芸郡戸坂《へさか》村（現・広島市東区戸坂）がある。国鉄広島駅北方の丘陵地帯を芸備線のトンネルでくぐり抜けた先に、戸坂の村域が広がる。民家で

＊2『原爆体験記』朝日新聞社43～44ページ　＊3同48ページ
＊4『語り 山口のヒロシマⅣ』94～95ページ

患者を診療中の広島第一陸軍病院二八歳軍医が、衝撃波に直撃された。

その時、広島の街並をさえぎる丘の連りの上に指輪を横たえたような真赤な大きな火の輪が浮かんだ。と、その中心に突然真っ白な雲の塊りができた。それはまたたく間に大きくなり火の輪を内側からおしひろげてたちまちふくれ上っていった。同時に、市を限る山並の稜線に帯のような真黒な雲が現われた。市の幅一っぱいにひろがったその黒雲は、泡をかんでくずれる土用波に似て一気に丘の斜面をすべりおりると、森を、林を、田を畠を、見る限りの万象を巻き込みながら太田川の谷を埋めて戸坂村へ押しよせ始めた。広島全市の土砂と砂塵を一瞬にまくり起こした巨大な爆圧の嵐は閃光と熱線におくれわずか数秒の差で私の目に異様な黒い津波の全容を見せたのである。

直ぐ眼の下の小学校（引用注・戸坂国民学校）の屋根がもうもうとした砂塵のつむじ風に軽々とひきはがされるのを見て、はっ、と腰をうかした時には私の身体がもう空中にすくい上げられていた。雨戸や襖が紙くずのように舞い上り飛び散る。重い巨大な農家のわらぶき屋根が大井もろとも吹きぬかれてポッカリ青空がのぞく。背をまるめて目をとじた私は二間続きの何枚かの畳を飛んで奥の仏壇にいやという程たたきつけられた。もんどり打ったその上に泥をまじえた大屋根が恐ろしい音をたててくずれ落ちた。*5

爆心地から五・五キロ離れて、この風圧だった。爆心地近辺における衝撃波の強さは、想像の域をはるかに超す。

文中に、「全市の土砂と砂塵を一瞬にまくり起こした」とある。舗装していない道路の土埃はもとより、何万戸にも及ぶ木造家屋が衝撃波を受けて倒壊し、壁土などが舞い上がった現象を言う。本書で引用の体験記において、「暗黒の世界」「真黒い土煙」「暗闇」…、との表現がしばしば目につくことになる。

＊5 『戸坂原爆の記録』83〜84ページ

吸引作用

衝撃波による破壊が続く間に上空では、キノコ雲が発達しながら上昇する。雲の内部は真空状態で、そのため強力な吸引作用が起こる。地上に散乱している物を吸い上げ、人体に対しても想像しえない危害をもたらした。

爆心地の西北西一・二キロ、天満国民学校で次の目撃記録がある。

天満小学校の表門の石段のところであまりにもむごたらしい屍《しかばね》をみました。その子は学校の二年生ぐらいの男の子でした。両眼はとび出し、舌は咽喉《のど》の下まで垂れさがり、風が吹けば両眼はブラブラと動き、腸は裂け、内臓ははみ出て、顔は半分に裂けて全身はなま焼け、その屍だけは特別恐ろしゅうございました。＊6

＊6『ヒロシマの証言』71ページ

絶大な破壊力

広島は、原爆炸裂から衝撃波の四方拡散に至る一〇秒間で壊滅し、おびただしい死傷者を生じた。その破壊力は、通常爆弾に使用のＴＮＴ（トリニトロトルエン）火薬換算で八〇〇〇トンないし一万五〇〇〇トンに相当する、と原爆開発の科学者たちが机上計算で見積もっていた。実数値は投下後の被爆実態にもとづいて、一万二五〇〇トン±一〇〇〇トンと算定された。広島の原爆リトルボーイは重量が四トンなので、一万二五〇〇トンの通常火薬爆弾を広島へ投下するには、エノラ・ゲイ号と同じＢ29が三一二五機必要になる。

強大な破壊力に加え原爆は、原子に特有の放射線と熱線を放出し、人間を即死させる。即死を免れた被爆者に対しても放射線は容赦せず、体内で急激に、あるいは徐々に、細胞を蝕んでいく。熱線も、火傷の痕をケロイドに変質させ、長期の心痛をもたらして、尊厳を踏みにじる。

この残虐な兵器を広島へ投じたエノラ・ゲイ号機長に米軍は、殊勲十字章を授けた。おびただしい市民に対する無差別殺傷の成果を称え、核兵器の時代到来を祝したことになる。

姉、甥、伯母の命を奪われ、自身も二一歳で被爆の五六歳女性が、こう語った。

　なんぼ貧乏してもええから、平和でありさえすりゃあね、ええけどね。ほんと、もう、あねえな、地獄みたいな思いをね、二度としとうないですいね。＊7

どのような地獄だったのか、現場をたどる。現場の再現に関し広島原爆資料館の展示を一例として、被爆体験者から次の指摘がある。

　資料館には――匂いがない。色彩がない。人々のうめき声がない。苦痛の叫びがない。逃げ惑う人々の動きがない。大噴煙の匂い、ほのお、すさまじい熱気、勢いがない。大火災の火の手や熱風、焼け焦げる悪臭がない。上空一面に舞い昇る龍巻状の大上昇雲、そこに舞い乱れとぶ、砂塵や種々の物体が眺められない。市街全体から聞こえた奇妙な、ウワーンという音がない。

　人々や動物の焼け焦げた匂いや血だるまの人の姿や血の匂いがない。路上や川面に重なり合う屍が……。生き絶え絶えの路上の負傷者のうめき声や「助けて！　水ちょうだい、水水……」の悲痛な断末魔の声が聞けない。＊8

この指摘は、文字を媒体とする本書にも当てはまる。それを承知で、文字による表現の限界を自覚しつつ書き進む。

＊7『語り 山口のヒロシマⅡ』37ページ

＊8『原爆へ 平和の鐘を 第三巻』17〜18ページ

第二景 火炎

延焼で内部焼失の広島市役所
（米軍撮影 広島平和記念資料館提供）

1　火災発生

一望の黒煙

原爆の熱線は人の衣服を焼き、火傷を負わせるにとどまらない。広島の街を、火の海に化した。火災は、物干し場の洗濯物、屋内の窓際に引く暗幕、紙、木製品などが発火源となり、瞬時に燃え始めた。暗幕は夜間の灯火管制に備え、官庁や会社などで常備していた。

屋外においても、木製の電柱や樹木、鉄道線路の枕木などで炎が生じた。「驚いたことは司令部（引用注・中国軍管区司令部）構内の約二十米の松の木の大木の頂上が煙を出しながらブスブスと燃えていたことだ。爆弾が破裂しても高い樹木の頂上まで威力が及ばず燃える筈がないのに、一体どんな爆弾であったのかいよいよ不思議でならなかった[*1]」。常識と逆の現象だった。

そのような熱線による発火に加え、炊事中の台所が衝撃波で破壊され、火災の要因になった。火は倒壊の建物を這い、あるいは風に乗って飛び、またたく間に広がった。爆心地の北東一・一キロ、広島陸軍幼年学校校庭で被爆した見習士官の手記がある。

どれ位の時間が流れたであろうか、二十分か三十分か。（中略）広島全市が一斉に火を吹き出した。炎は刻一刻と火勢を増し、紅蓮の炎は渦を巻いて舞い上がった。子供の時に見た、関東大震災の錦絵そのままに四、五〇〇メートルの高さにまで荒れ狂った。[*2]

広島地方気象台によると、「八時三十分（引用注・原爆炸裂一四分後）頃には、もう市内各所から火の手があがり、九時頃には、市の中央部一帯は（中略）まっ黒な煙に包まれてしまった。火災は十時から十四時頃が最盛期で、夕刻には次第に衰えたが、夜に入ってもなお、あちこちの火災が指呼できた[*3]」。

街を覆う炎に、人々が追われていく。

＊1『語りつがねばならないこと』16ページ　＊2『生きる』76ページ
＊3『広島原爆戦災誌 第三巻』282～283ページ

市役所

爆心地から南へ一キロと五〇メートルの距離に、鉄筋コンクリート四階建て地下一階の広島市役所がある。竣工時に「日本一近代的な庁舎」と称賛され、クリーム色の外装が陽射しを受けて明るく映えた。

町名を国泰寺町《こくたいじまち》と言い、すぐ前の電車通りを挟んで西向かいの大手町《おおてまち》八丁目には、大手町国民学校が木造二階四棟三〇教室で建っていた。北側は、建物疎開で取り壊された公会堂の廃材を残す。

市役所の一階南、戦時生活部援護課に所属の三五歳女性職員が、被爆を書いた。

突如、眼もくらむ強烈な閃光が空間を走った。

「あっ」

私は思わず叫んで身を縮めた。と、時を置かず、ごーっという物凄い地響きが役所の建物も崩れよとばかりにとどろきわたって来た。私は無意識のうちに机の下に身を隠そうとした。が、その時すでに爆風は私たちに襲いかかっていた。はげしい窓ガラスや扉や本箱や机などの壊れる音とともに、私は机もろともにはね飛ばされてしまった。（中略）

一階の廊下は、今や阿鼻叫喚のちまただった。焼かれ傷ついた裸体の群が泣き叫びながらそこここにうづくまり、悶えていた。さながら地獄だった。私は恐しかった。こうした人たちの中にいることが真底から恐しかった。が、その場を逃げ出す気力もなかった。私はいつの間にか夢遊病者のように、自分で自分がわからなくなり、またへたへたと足元に崩れてしまった。*4

庁舎の周辺に、火の手が上がった。火の広がりを、三階南

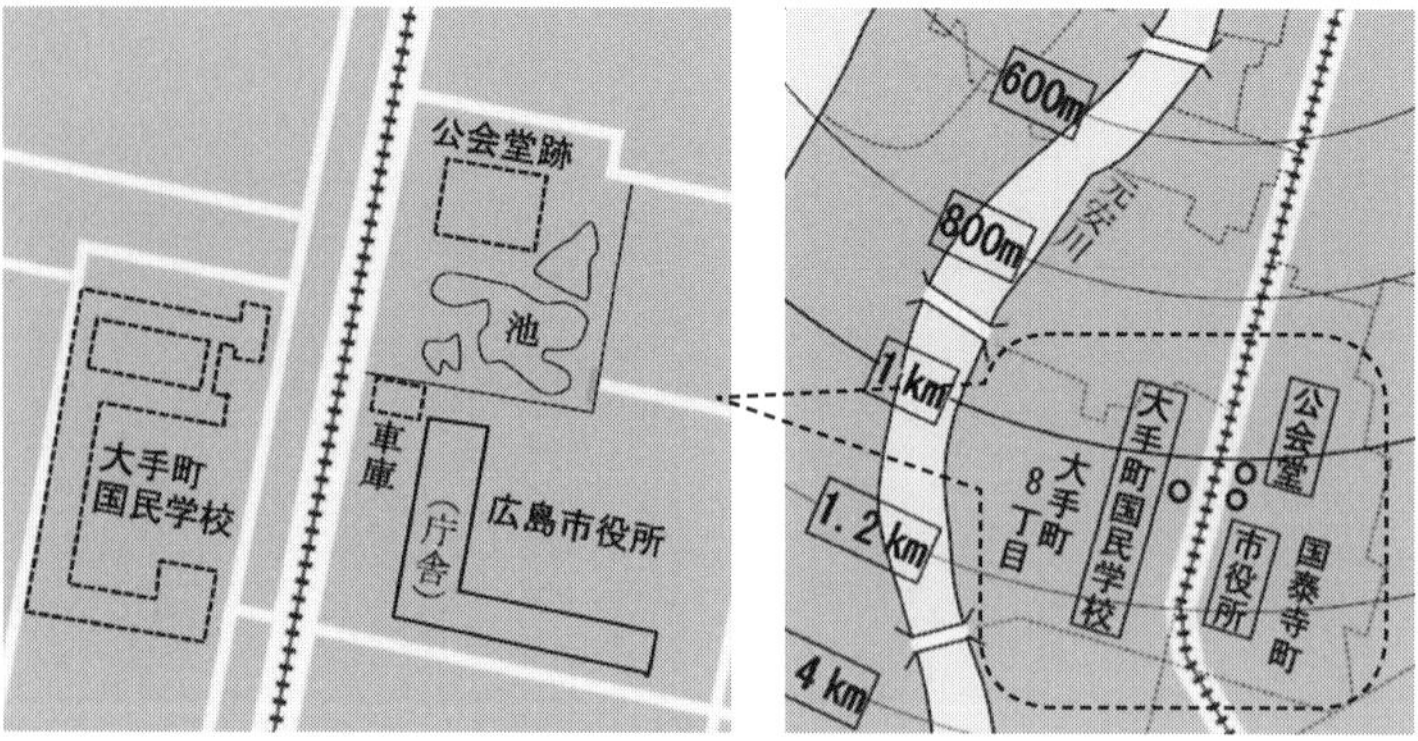

市役所近辺の公共施設

の土木部都市計画課にいた四五歳男性職員が次のように記憶する。

庁舎から南の電車道に沿うて県農業会の二階建てか、三階建ての大きな建物があった。たしか十一時ごろかと思うが、いよいよその建物に火がうつってきた。まもなく天にとどくような炎とともに焼けおちた。（中略）

庁舎の南側の緑地帯に搬送電信電話局の仮設建物があった。市庁舎とは道路をはさんで十メートルはなれていた。十一時半ごろと思うが、ついにその建物に火がうつってきた。バラックの建物に油類等もあったのであろう。火はみるみるうちにものすごい勢いでもえさかった。[*5]

こうして市庁舎は南側から火に迫られ、一方で、西側の正面玄関前と北側も危機に瀕した。

大手町小学校が燃えだし、市役所前にはトラックが十台位停車してあったのに燃え移り、ガソリンタンクの爆発、タイヤの破裂の爆音物凄く、広場（引用注・庁舎北）の周囲には旧公会堂の疎開材料が積み重ねてあったが、これにも引火し、[*6]（後略）

ついに庁舎へ炎が入り込んだ。一階の南東二室と地下三室を除き、内部をすべて焼失した。

＊4 『原爆体験記』朝日新聞社53、55ページ

福屋百貨店

市役所前の電車通りを北へたどると、紙屋町《かみやちょう》に至る。紙屋町で電車の軌道は、東西を結ぶ軌道と合流する。東へ向かう電車は八丁堀《はっちょうぼり》などの停留所を経て、広島駅が終着になる。

爆心地の東七〇〇メートル、八丁堀の電車通りに面して広島唯一の百貨店福屋が建つ。物資が極度に不足の戦時なので、営業はしていなかった。代わりに、鉄筋コンクリート八階（一部九階）地下二階の強固な建物が空襲の備えに適しているからと、公共機関などが疎開事務所にした。「地下室は雑炊食堂で、連日開店の前から、空腹をかかえた市民が長い行列をつくっていた」[*7]。

七階に広島貯金支局の振替貯金課が入居し、被爆の朝、勤労動員の広島女子商業学校と進徳高等女学校の生徒たちが朝礼ののち、算盤を手にした。進徳高女三年生を引率する女性教師が手記にこう書いている。

ソロバンの冴《さ》えた音が、鉄筋コンクリートの高い天井へ響く。ぺらぺらと紙片をめくる音が、スタンプをつく音が、騒然として今日の仕事は始められた。（中略）いきなり眼前が、パッと、真黄色になった。はっと驚いて、眼を見はった。不気味な濃黄色の閃光は、私の視界に満ち溢れ、何一つとして物の形を見ることはできなかった。（中略）

突然この世から太陽が失なわれたかのように、一ぺんに暗黒の世界と化し、腹の底までつた

*5『原爆体験記』広島市役所45ページ　*6『原爆体験記』朝日新聞社210ページ

わるような、物凄い大震動が起こった。私たちはたちまちにして強烈な爆風と、真黒い土煙に巻き込まれてしまった。[*8]

福屋百貨店の、電車通り真向かいに福屋旧館があった。その一階を東消防署の本署が使用し、消防自動車用のガソリン備蓄はもとより、近隣の映画館で使うフィルム三〇〇〇本の保管もしていた。被爆で「ガソリンがまっ先に着火して、大火となり、それが福屋百貨店の方へ燃え移って来た」。[*9]

女性教師の手記が続く。

崩壊された窓から入ってきた黒い煙に、ギョッとして外を見ると、真向かいの福屋旧館が、すでに渦巻く黒煙と、生き物のような火焔に包まれている。いけないいっ！　と思った瞬間、なま暖かい風が、さーっと顔を撫でた。（中略）

東の窓から、中国新聞社が天空をも焦がさんばかりに猛烈な火柱となって燃え上っているのが見える。黒い人影が半狂乱のように右往左往していたが、救いを求めるかのように両手を出して窓辺によりかかり、そのまま動かなくなってしまった。[*10]

福屋百貨店
（左が福屋旧館　奥〈東〉は中国新聞社
川本俊雄氏撮影 川本祥雄氏提供）

中国新聞社は鉄筋コンクリート七階建て塔屋三階で、高さにおいて福屋とほぼ肩を並べていた。ともに内部焼失の、無惨な姿をさらした。八丁堀から上流川町の広い一帯において外形を残す建物は、福屋、福屋旧館、中国新聞社、流川教会、広島中央放送局しかない。

*7『広島原爆戦災誌 第三巻』520ページ
*8『ヒロシマの証言』28ページ
*9『広島原爆戦災誌 第三巻』237ページ
*10『ヒロシマの証言』30〜31ページ

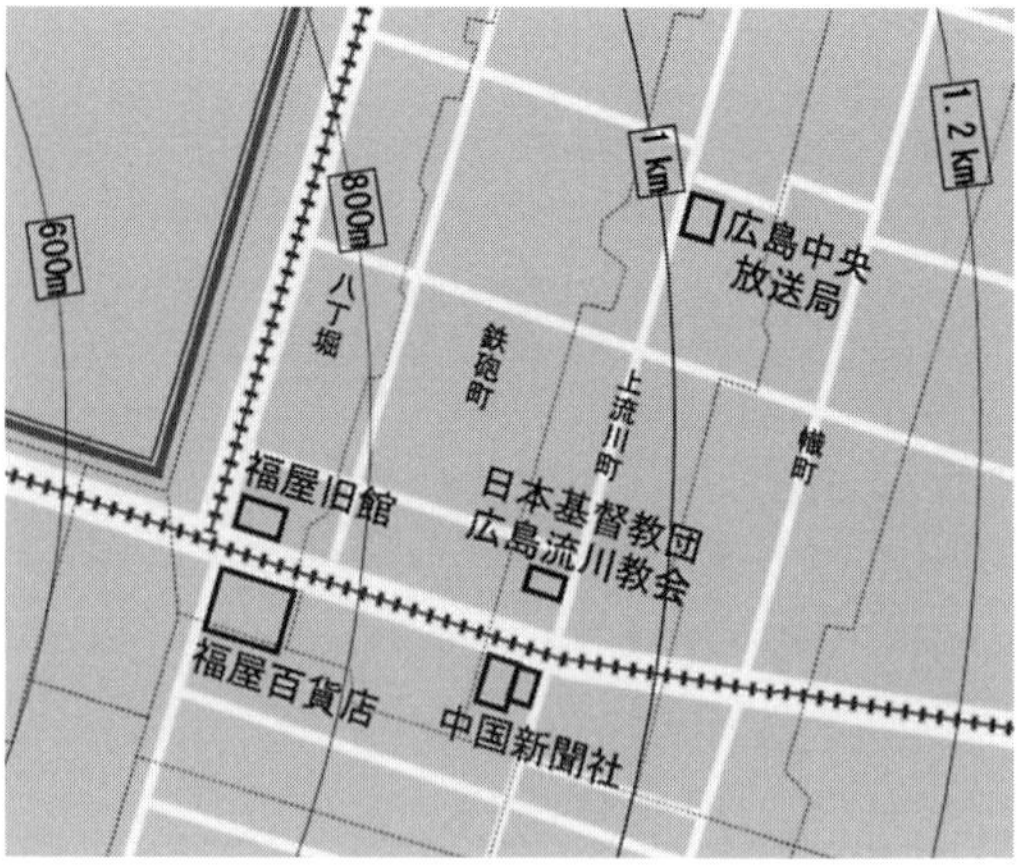

八丁堀〜上流川町の建物残骸

火の海の中

鉄筋コンクリートの建物が外形を残すのみとなった一方で、周辺の木造家屋は倒壊後、どんな状況だったのか。

福屋のある八丁堀の町域は福屋を南限に、路面電車の白島線沿いに北へ長い家並みが続く。その東を鉄砲町《てっぽうちょう》と呼び、爆心地の東八〇〇メートルないし北東一・三キロに相当する。江戸時代に、鉄砲組武士の居住区だったと言う。被爆の国民学校一年女児が、中学一年生になって手記を綴った。

母の右の腕と背中の上に、大きな木がのっていた。一生けん命にそれをのけようとしても、私の力ではどうすることもできなかった。（中略）助けて助けてと言う声があちこちから聞えてくる。私も声のかぎり「助けてー」とさけんだが、だれ一人きてくれる人はない。火はもう私の傍にせまってきていた。焔がゆれる度に、私の頭の毛がじりじりとやけた。私は死にものぐるいで、

「お母ちゃん、早く早く。」

と言ったが、どうすることも出来ない。

「お母ちゃんは、あとからにげるから、節ちゃんは先ににげなさい。さ、早く早く。」

と母は一生けん命に言っている。私は母と一しょでなければにげないとがんばっていたが、火はだんだんもえひろがって、私の着物にも火がついて、もうたえられなくなったので、

「お母ちゃん、お母ちゃん。」

と泣きさけびながら、火の中をくぐり、夢中で走った。どこまで行ってもまわりは火の海で、もうにげられなくなってしまったので、夢中で用水桶の中にとびこんだ。火の粉がどんどんとんでくるので、トタン（引用注・屋根などに用いる薄い波状の亜鉛メッキ鉄板）の切れはしを頭の上にのせて火を防いでいた。用水桶の水は、まるでお風呂のように熱かった。（中略）私は用水桶の中につかったまま、夢のようになって、いつのまにか気を失っていた。*11

広島市調査課による被爆翌年八月一〇日時点の集計では、市内のほぼ全域に相当する爆心地から五キロ以内において、家屋七万三六〇〇戸のうち全焼六五パーセント、半壊二四パーセント、全壊五パーセント、との被害全容が明らかになった。とりわけ人口の八割強が集中する三キロ以内では、六万四七〇〇戸のうち全焼が四万八〇〇〇戸で七四パーセント、半壊一万八〇〇〇戸一七パーセント、全壊三七〇〇戸六パーセントを記録した。合計九七パーセント、家並みが消えた。

全焼は一キロ以内一万九七〇〇戸のすべて、一キロ以上一・五キロ以内一万四六〇〇戸の九九パーセント、一・五キロ以上二キロ以内一万一〇〇〇戸の八五パーセントに及んだ。

＊11『原爆の子』121ジペー

死者一四万人

爆心地の南西四〇〇メートルに、材木町《ざいもくちょう》がある。被爆の翌々日、焦土の一画で三八歳の男性が自宅跡を探し当てた。

拾って来たスコップを手に焼跡へ立つ。一掘りごとに火が吹き出してくる。ズック靴の底が熱い。小さい置時計が転り出る。焼けただれてはいるけれど大体の形はなしている。長針、短針もそのまままちょうど八時三〇分あたりを指している。わが家はこの時刻頃灰燼に帰したのであろう。あちこちと掘るうちに遂に白骨を発見する。何の印もないがまさしく□□（引用注・

妻の名、原文伏字）の遺骨に相違はあるまい。涙と汗が白骨の上に音をたてて落ちて行く。[*12]

広島市調査課の前記と同じ集計では爆心地から五キロ以内において、一般住民三〇万七九〇〇人のうち死亡が一一万八六〇〇人で三九パーセントを占めた。生死不明三五〇〇人を死亡に含めると一二万二一〇〇人となり、四〇パーセントに及んだ。一二万二一〇〇人は、ほぼ全員が人口集中の三キロ圏内で被爆した。

さらに一般住民だけでなく、軍人と軍属がおよそ四万人居住していた。その死亡数を一般住民と同じ比率で推定し加えると、死者の総数がほぼ一四万人になる。広島市長が国連事務総長に提出の公式文書は、被爆四か月後の「一九四五年一二月末までに約一四万人（誤差±一万人）が死亡したと考えてよいであろう[*13]」としている。

これらの数値には、一九一〇年八月二九日をもって日本が植民地にした朝鮮（現・大韓民国および朝鮮民主主義人民共和国）出身者が含まれていない。被爆以前における居住の実態把握が、明確でなかったことによる。日本への移住は当初、植民地政策の圧迫から逃れて新たな生活基盤を求める、との目的で始まった。戦時下では日本の労働力不足を補うため、意に反して強制連行された。そして、被爆した。平和記念公園にある韓国人原爆犠牲者慰霊碑が、こう記す。「広島には約十万の韓国人が軍人、軍属、徴用工、動員学徒、一般市民として在住していた。一九四五年八月六日原爆投下により、二万余名の韓国人が一瞬にしてその尊い人命を奪われた」。

*12 『ヒロシマの証言』77ページ
*13 『広島・長崎の原爆被害とその後遺』13ページ

2 炎と風の乱舞

公会堂の池

火災は規模が広がるにつれ、上昇気流を誘発する。そこへ周辺の空気が吹き込み、強風となり、炎を煽る。

市役所の庁舎北側に、建物疎開で撤去された公会堂の、池があった。「その池は水深約〇・五メートル位で、水も古く、水面に浮草が浮び、泥田のような」[*1]池だった。燃え上がる庁舎から職員たちが、あるいは逃げまどう住民たちが炎と火の粉を避けるため、公会堂の池へ次から次に飛び込んだ。だが安堵も束の間、炎と風の乱舞にさらされた。

火炎は竜巻と変り、ぐるぐると回り、そのたびに位置を変えつつ池の岸の立木の葉をばりばりと燃やし、小さい樹は根こそぎ中天に持ち上り、池の中に落下して来る。[*2]

市役所軍事援護課二三歳男性職員が、次の体験をした。

わたしたちは池の泥の中へもぐりこんで、龍巻に乗ってくる火炎を避けねばならなかった。そうしないと上半身裸同然の身体は、たちまちひどい火傷をうける。そして死んでしまうだろう。

この泥池の中の死闘はすさまじかった。火炎を吹きつける風が去ると身体を外に出す。風が襲来するとフロへはいったように、いや潜水のように頭までも池の中にうずめこむのである。（中略）何回も力つきるまで闘いつづけた。それはおそろしく長い時間だった。[＊3]

＊1『原爆体験記』朝日新聞社210ページ　＊2同210ページ　＊3『原爆体験記』広島市役所66ページ

神田川

爆心地の東北東一・五キロ、国鉄山陽本線に沿い神田《かんだ》川（現・京橋川）が流れている。川幅一一〇メートルの西岸から東岸を見た、描写がある。

川向こうの（中略）火勢が川原で大きな火の柱となり、竜巻となった。火柱は三、四十メートルも燃え上がり、付近のあらゆる物を空中に巻上げ炎となって燃え上がる。川原に避難して休んでいると思った人も、実は死んだ人で、これ等も竜巻に吸込まれ、火達磨となって燃え上がっているのも見た。竜巻のため、付近は大旋風が起り、川も大浪が立っている。*4

*4 『原爆体験記』朝日新聞社127ページ

3 黒い雨と飛来物

放射能の拡散

火災に伴う上昇気流は、家屋の倒壊による土埃や砂などを巻き上げた。それらは上空で冷却され、雨粒を形成し、黒く汚れた雨となって地上に降り注いだ。「黒い雨」と呼ぶ。土埃や砂は残留放射能を含む放射性物質に変質しており、黒い雨は放射能を広く拡散させる働きをした。

この時点で「原子爆弾」という公式発表がまだされていなかったため、放射能に関する知識が人々になく、ずぶ濡れのまま雨が止むのを待った。喉の渇きをいやすため、上に向いて口を開け、飲んだ人もいる。

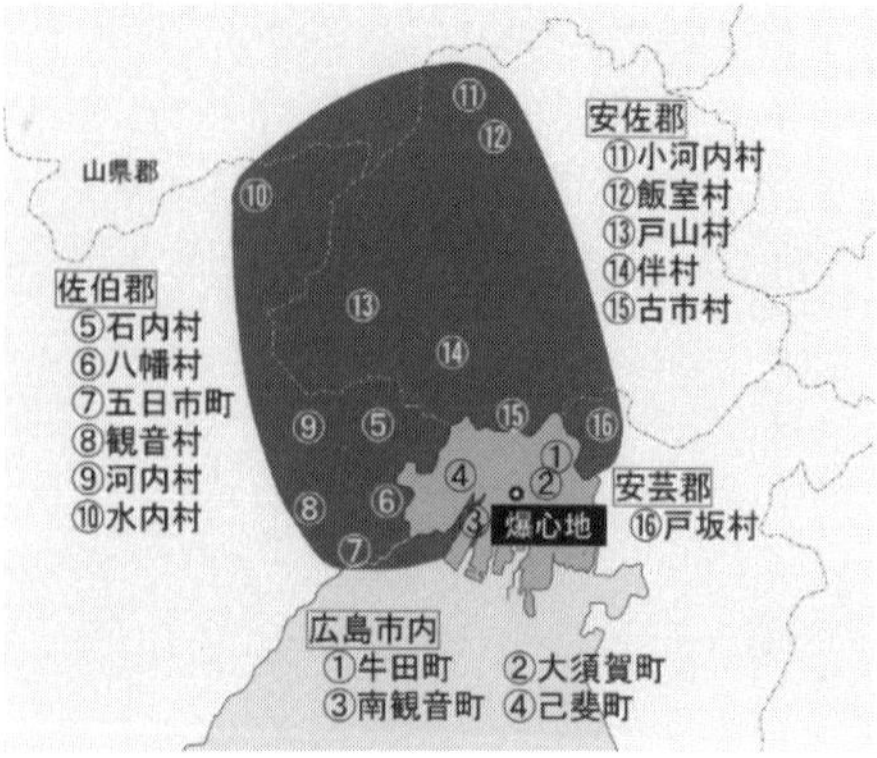

黒い雨の体験地域

一方で黒い色が油やガソリンを連想させ、米軍による空中散布を疑う騒ぎになった。臭いを嗅ぎ、あるいは雨粒が川面に浮かないのを見て、油ではないと納得した。

降雨の範囲はいくつもの体験手記を重ね合わせると、東が爆心地から東北五キロの安芸郡戸坂村、南は南西三キロの市内南観音町《みなみかんのんまち》、西は一〇キロ先の佐伯《さえき》郡観音村（現・広島市佐伯区観音台）、西北二〇キロの佐伯郡水内《みのち》村（現・広島市佐伯区湯来町麦谷）、北は二一キロ離れた安佐《あさ》郡小河内《おがうち》村（現・広島市安佐北区安佐町小河内）、と降雨範囲の外周を描く。この時間帯の風向きは広島気象台の記録によると、「火災から昇る煙や雲は、ほとんど北ないし北西の方向に流れていた[*1]」。

＊1『広島原爆戦災誌 第三巻』283㌻

広島市内の降雨

爆心地から東北東一・五キロの神田川。女学校一年生が、東岸にある大須賀町《おおすがちょう》の川原で黒い雨に打たれた。

その奇怪な雨は、体に当ると、まるで石ころで叩かれたような痛さで、灰色の空から夕立のようにはげしく降り出した。[*2]

西三キロ、己斐《こい》国民学校での体験が次のように綴られている。

裸の身体に突きさすように痛い、はげしい雨だった。降った時間は五、六分だったと思うが、身体中泥がついたし、この雨のため か正門そばの池の大鯉も、水田の中の鯉の稚魚も皆白い腹をかえしてしまった。[*3]

＊2『原爆の子』252～253ページ　＊3『被爆体験記』広島市役所9ページ

佐伯郡石内村

西北へ七キロの佐伯郡石内村《いしうち》（現・佐伯区五日市村《いつかいち》石内）では、次の記録を残す。

雨の色は真黒で廃油のようで、気持悪くシャツ等白い衣類は真黒になり、洗ってもなかなか落ちなかった。バケツに溜まった水も底が見えない程黒かった。

石内川の魚はみんな死に、腹を上に川面に浮いて流れていた。苗代田や池で飼っていた鯉は全部死に、雨にあたった雀や猫も死んだ。[*4]

＊4『続・あのとき閃光を見た広島の空に』202ページ

安佐郡西部

火災による上昇気流は降雨をもたらすだけでなく、さまざまな物を巻き上げ遠くへ運んだ。爆心地から北西八・五キロの安佐郡伴村《とも》（現・安佐南区沼田町伴）には、「大きなトタン板、鉄片、焼けた板切れ、ボロ切れなどが沢山とんできました」*5。

伴村のさらに先、爆心地の北西一四キロに、安佐郡戸山村《とやま》（現・安佐南区沼田町阿戸）がある。広島市皆実《みなみ》国民学校の生徒たちがお寺で、集団疎開生活をしていた。

急にまっ黒な雨が降りだしてすぐやんだ。皆は庭に出てむくりむくりとたちのぼる煙を見た。するとだれかが「ビラ（引用注・米軍作成の空中散布印刷物）だ」「ビラが落ちて来る」と言ったので、その方を見ると、なるほどキラキラと光りながらビラが落ちて来た。落ちて来るビラの一つをひろって見ると、それはビラではなく、半分焼けた広島市紙屋町の何とか言う薬屋の広告であった。皆はその広告を見つめ、その見つめる顔には不安な色がただよっていた。だれも「もし広島が」という不安をいだいていたのだ。それからもどんどん焼けのこりの本や帳面、紙などが降って来た。これらの物は皆広島のどこどこと書いてあったので、皆の思っている不安はいっそうましていった。*6

不安はやがて親や兄弟との死別になり、疎開の子供たちを悲しみの底へ突き落とす。

＊5『被爆体験記』88ジペー　＊6『原爆体験記』朝日新聞社119ジペー

被爆時の町名と全焼地域（南部および東部）

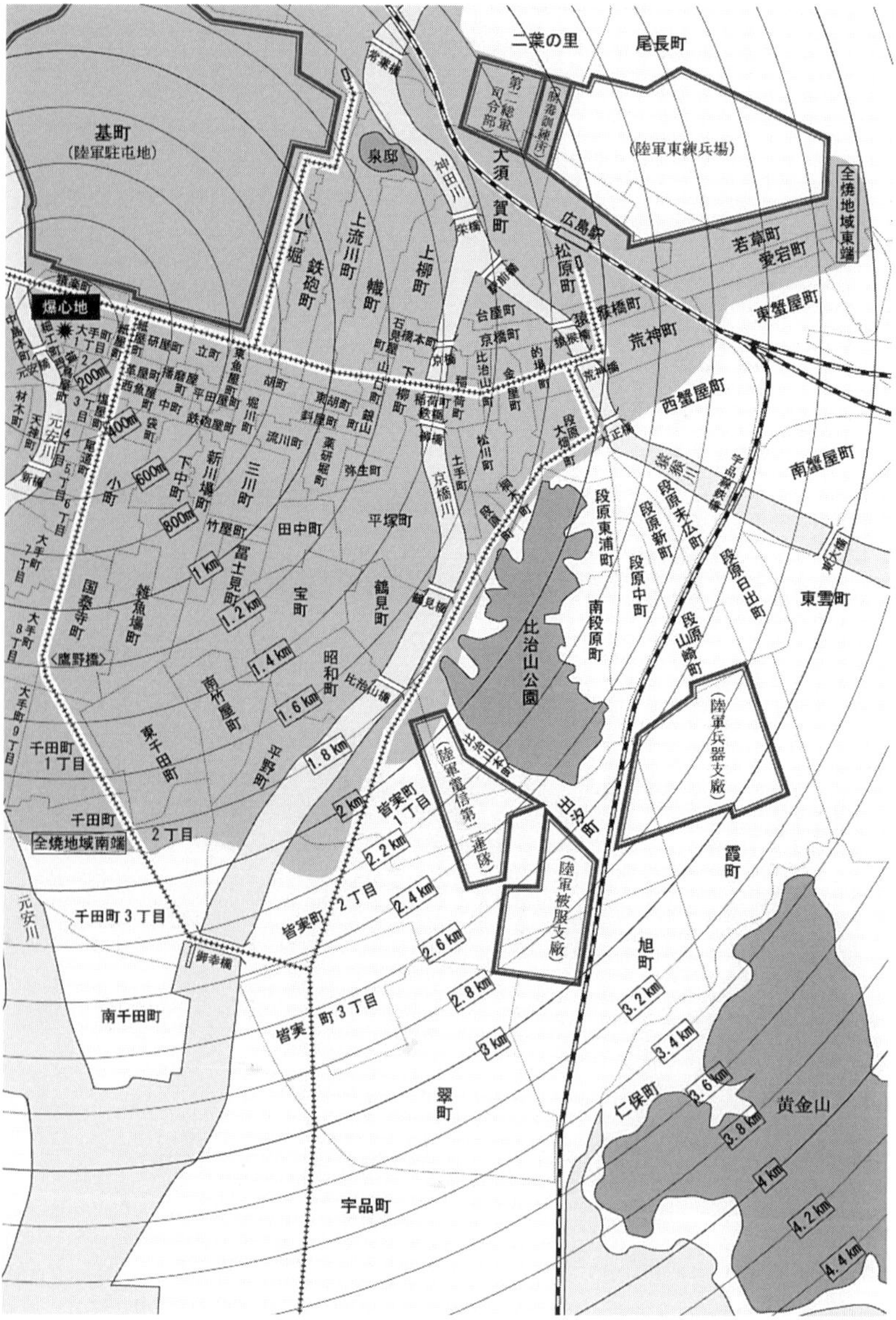

被爆時の町名と全焼地域（南部および西部）

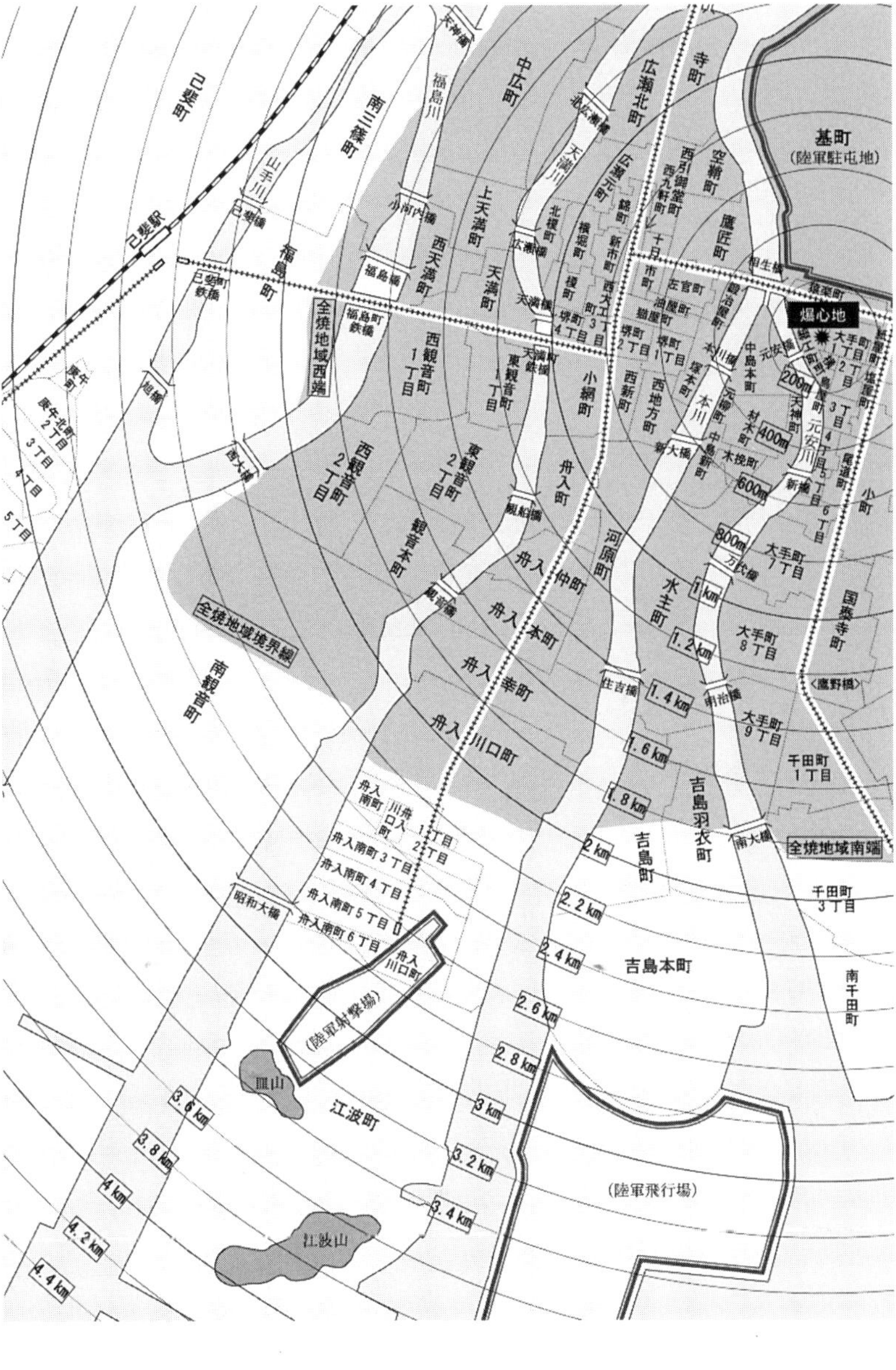

被爆時の町名と全焼地域（北部）

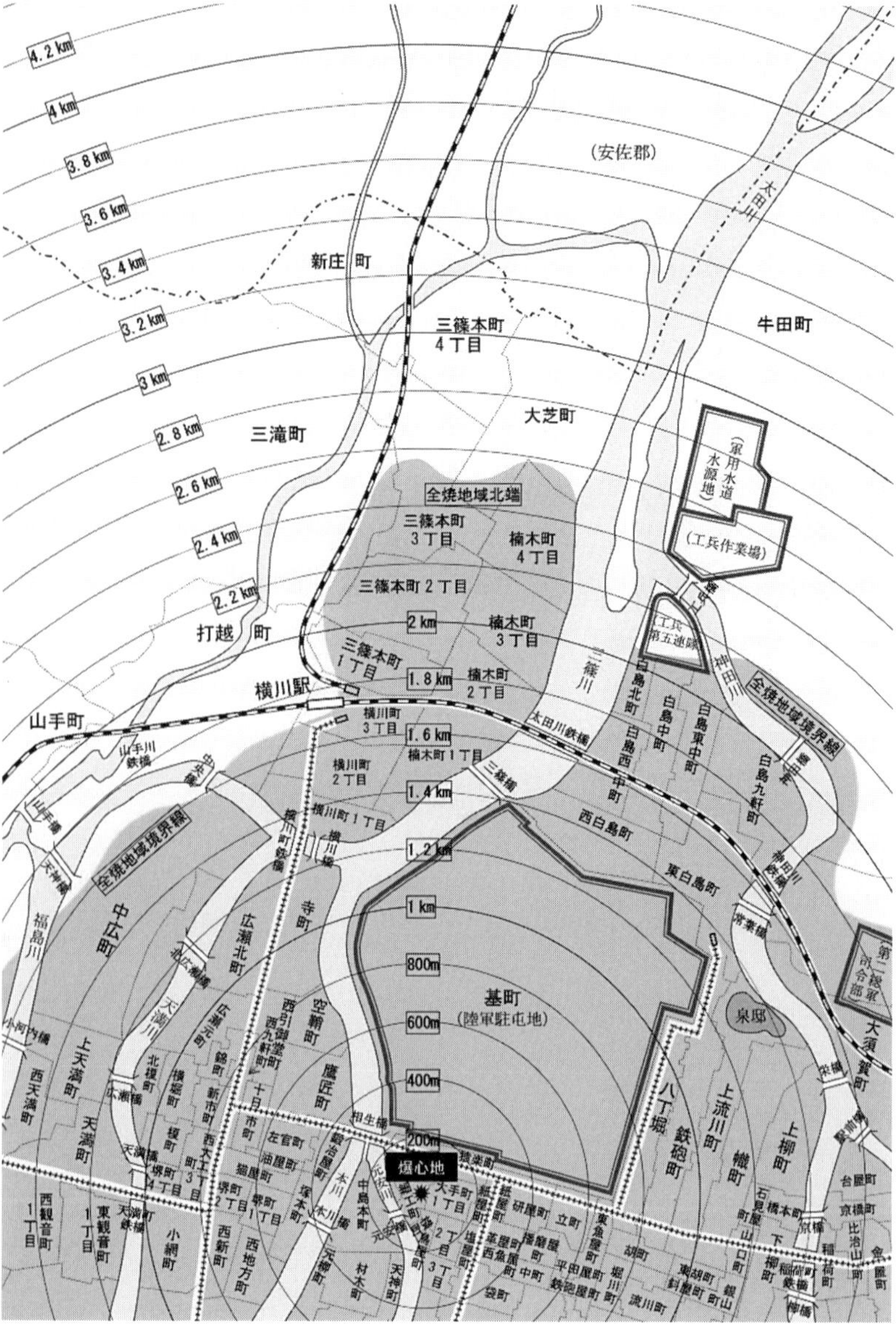

第三景 惨状①

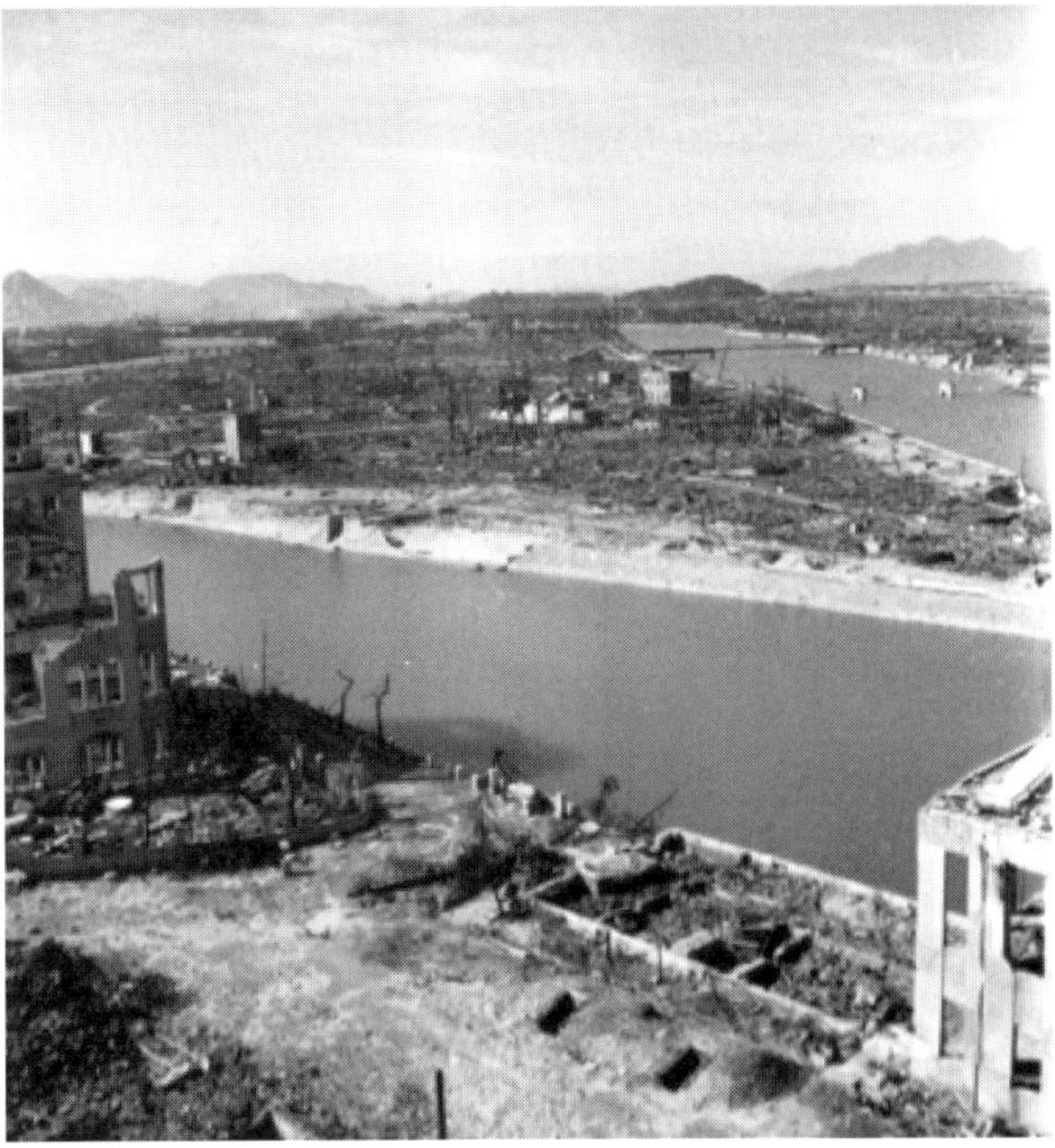

爆心地近辺
（手前右が日本赤十字社 左が広島県産業奨励館 中央の三角州が中島地区
林重男氏撮影 広島平和記念資料館提供）

1 避難の集団

東へ

八月六日、国鉄広島駅は被爆で業務がすべて停止した。列車も山陽本線上りは広島駅—向洋《むかいなだ》駅—海田市《かいたいち》駅で運行不能になった。広島市内へ向かう一四歳の女学生が海田市駅で降り、国道を歩いた。

知らぬ道は遠く感じるもの、でも戦争中だからと不平にも思わず、汗とほこりにまみれてただ黙々と歩るきました。その中、なんだか異様なふん囲気の人達に出合ふ様になつて来たのです。その人達は皆、私と反対に広島の方から、市外へ行く人ばかりなのです。それは広島市へ近づくにしたがつて、だんだん数が増えてくるのです。髪はざんばら、目はうつろ、顔は黒いのか茶色なのか分らない、ほとんどが裸足か、はいていてもまともな物ではなく、着ている物はぼろぼろか半裸に近く、持ち物とてないだらりと下げた両手の先には、ずるむけた皮ふが、ゴムの様にぶら下がつているのです。まさに魂の抜けたゆう霊そのものでありました。[*1]

*1 『被爆体験 私の訴えたいこと 上』198～199ページ

北へ

爆心地の北北東二・三キロに、太田川の支流を形成する神田川と三篠川《みささ》（現・旧太田川〈本川〉）の分流地点がある。その神田川に、軍用の工兵橋が架かっている。幅二・八メートル、長さ七五・六メートル、広島市内唯一の吊り橋で、渡ると太田川東岸の堤防が北方の郡部へと導く。

工兵橋の南、白島西中町《はくしまにしなかまち》で、女性が記す。

工兵橋（東区牛田本町６丁目）

次から次へ、たくさんの人が避難してきましたが、どれも焼けこげた服は、ボロボロにたれ下がり、顔や手はみるかげもない程やけただれ、露出された肌は火ぶくれに腫れ、鬼面をかぶったようでした。体の多くの部分は、赤や紫に変色し、真夏三十度の暑さなのに、悪寒のためにふるえていました。どの顔もおそろしさにゆがんで、地獄からきた人のようでした。（中略）ゆでたじゃがいもの皮のように、皮膚がむけ、ボロツギのようにだらっとさがって、魂のぬけたように、両手を胸のあたりにたらして、どこへゆくともなく歩いている人、それが蟻の行列のように続いていました。*2

*2『いつまでも絶えることなく』135ページ

人は歩く時、両手を下げて歩く。しかし被爆の火傷で皮膚がずるりとむけた手を垂らすと、生身の肉が擦れて痛い。そのため幽霊と同じように両手の肘から先を胸の前に差し出して、歩いた。足は剝がれた皮膚を足首で引きずりながら、前かがみで、のろのろと進む。

西へ

広島市内を七本の川が流れ、西へ七本目を山手川と呼ぶ。渡ると、国鉄の己斐駅（現・西広島駅）が近い。爆心地の西二・五キロ、木造の平屋だった。「突然、（中略）なま温かい爆風と同時に大音響をたてて、東南に面した駅本屋の大部分が、一瞬にして完全に倒壊した[*3]」。

己斐駅の六〇〇メートル山手に、己斐国民学校がある。救護を求め、避難者の列が続いた。三〇歳の主婦がこう書き留めた。

一糸もまとわない裸の行列でした。髪の毛は焼けちぢれ、皮ふはただれ……。皮がたれさがり、よろよろしながら、一生懸命に目的の国民学校に行くために黙々と歩くのでした。（中略）戸板に負傷した人を乗せてきた人たちが、戸板を道ばたにおいて倒れてしまうのです。それがみんな裸なのでした。[*4]

己斐からさらに南西へ、縁故を頼る避難者も多くいた。山陽本線下り列車は己斐駅—五日市駅

―廿日市駅《はつかいち》が不通だと言う。歩くしかなかった。五日市町で一四歳の勤労動員女学生が軍需工場の窓越しに、避難の群衆を見た。

墨を塗ったように焼けただれた顔の人達が行列をなして続々とつづくのでした。見れば、その頸部はピンク色をしております。赤身が出ているのです。その皮膚は、ずるりとむけて、白い皮が肩の所で揺れているのです。衣服は、ボロボロになって袈裟がけに斜めに半身が裂けて、顔面がペロリと皮がむけて、顎のところでヒラヒラとその皮がぶらさがり、ちょうどびわの実をむいた時と同じ状態でした。胸の前に出している両手の皮も同じように五本の指の皮がめくれて、ヒラヒラと垂れ下がって、血が噴き出しています。（中略）髪は、練り固めたように逆立ち、異様な形相で不安と恐怖に、恐れ、おののき、倒れ込む人達。ヘタヘタと座り込んでしまった人。ガラスの破片が、突き刺さったままで、うつろな目をして無表情に歩いている人。（中略）そんな人達が西へ西へと無惨な姿で、あとから、あとから続く情景は、この世のものとは思えませんでした。幼い日にお寺で見た地獄絵から、そっくりそのまま抜け出てきたのかと思わせる阿修羅の世界そのものでした。[*5]

＊3『広島原爆戦災誌 第三巻』202ページ
＊4『ヒロシマの朝 そして今』52～53ページ
＊5『いつまでも絶えることなく』39ページ

総数一五万人

避難者がどの方面にどれだけ逃れたのか、次の記録がある。

［東・東南方面］

安芸郡（現・広島市安芸区など）　四万五〇八六人

賀茂郡（現・東広島市など）　三五〇〇人

豊田郡（現・三原市など）　五〇〇〇人

［北東方面］

高田郡（現・安芸高田市など）　五九七二人

双三《ふたみ》郡（現・三次《みよし》市）　八三〇〇人

比婆《ひば》郡（現・庄原市）　四〇〇〇人

［北・北西方面］

安佐郡（現・広島市安佐北区 南区）　五万一八七五人

山県《やまがた》郡（現・安芸太田町、北広島町）　五七〇〇人

［西・西南方面］

佐伯郡（現・広島市西区、佐伯区など）　一万九七五五人

合計およそ一五万人に及んだ。住む家を失った悲嘆、家族の安否不明に伴う焦燥、戦争の恐怖が、傷ついた体の痛みに重くのしかかる。一方、市内では、瞬時の惨状が広がっていた。

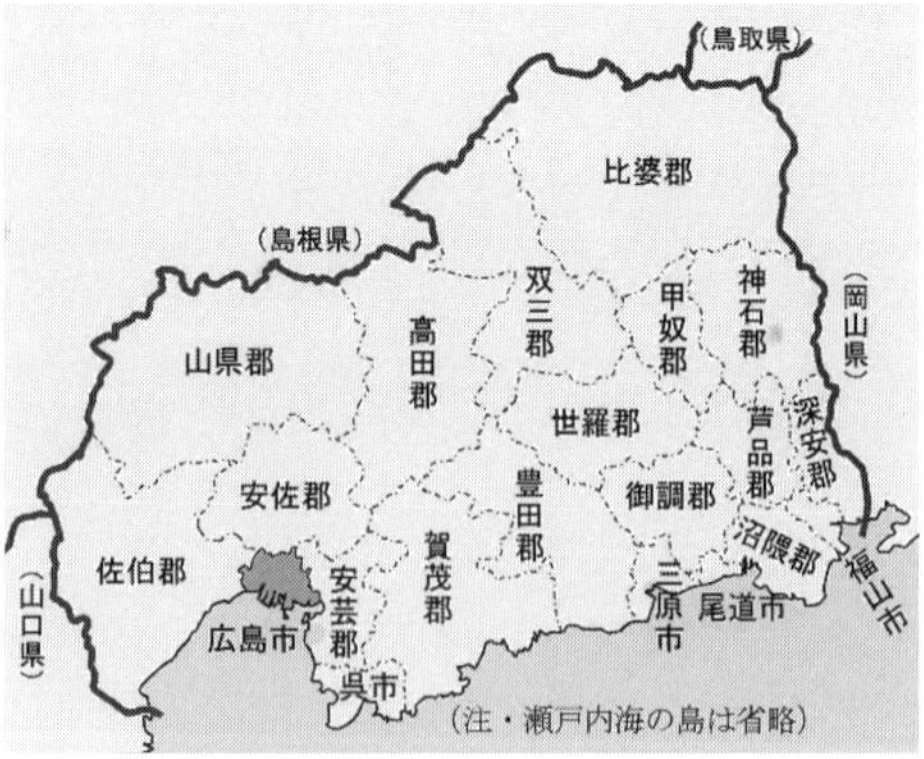

広島県郡市区分図

2 爆心地近辺

産業奨励館

広島駅前から路面電車で西へ向かうと、八丁堀や紙屋町を経て、相生橋に至る。その手前の停留所を、相生橋停留所と呼んだ。現在は、原爆ドーム前と名づけられている。

原爆ドームは、一九一五年八月五日の開館時に「広島県物産陳列館」と命名され、その後、「広島県商品陳列所」「広島県産業奨励館」と改名をたどった。チェコ人の設計による一部鉄骨入り煉瓦造り三階建て（一部分地下一階）、外装を石材とモルタルで仕上げ、元安川に沿って建つ。正面の入口も元安川に向き、入館者を円筒形五層の階段が上の階へ案内した。その頂部の丸屋根は正面から見ると真円、建物の横から見ると楕円に設計され、銅板で葺き、丸屋根を中心に建物全体が左右対称の外観になっていた。二階に広島県産の各種物産を展示し、三階で美術展を催すなど、

広島県産業奨励館（広島平和記念資料館提供）

商業都市広島を代表する建物として市民に親しまれた。

しかし太平洋戦争開戦後は産業奨励の機能維持が困難になり、内務省中国四国土木出張所や木材統制機関の広島地方木材株式会社が事務所にしていた。そして原爆を落とされた。物産陳列館の名称による開館から、三〇年と一日目だった。

爆心地の北西一四〇メートルに位置する産業奨励館は、高度六〇〇メートルの原爆炸裂点を見上げる角度が一三度にとどまり、ほぼ真上から熱線と衝撃波を受けた。熱線で丸屋根の銅板が瞬時に溶け、銅板を支える半円形の鉄骨がむき出しになった。銅の溶解温度は一〇八五度、鉄は一五三六度なので、産業奨励館を照射の熱線温度は一四〇〇度前後と推定できる。

熱線の次に、上からの衝撃波が各階の天井を突き崩し、中央の階段を垂直に砕いた。同時に爆心地方向から水平の衝撃波が襲い、建物の裏側全面と、右側およそ三分の一を破壊した。わずかに、丸屋根の鉄骨とその下部の円筒形構造物、建物正面側の垂直な外壁だけを残す。原爆の科学的な検証物件となり、ユネスコ（国連教育科学文化機関）の世界遺産に登録され、平和希求の語り部として保存が続けられている。

原爆ドーム背面（中区大手町１丁目）

日本赤十字社広島支部

産業奨励館の前を元安川に沿って北へ進むと、相生橋の東詰め手前に、日本赤十字社（略称・日赤）広島支部の事務所と倉庫が建っていた。元安川下流域の千田町《せんだまち》には後述の、広島赤十字病院がある。

　木造二階建ての事務所は瞬時に潰れ、焼け果てた。鉄筋コンクリート二階の倉庫は上からの衝撃波で屋上が大きく窪み、天井の梁が下方へ弓なりに曲がった。しかも横からの衝撃波が窓を突き抜け、内部を破壊した。

爆心地近辺西側の建物残骸

　この、日赤倉庫と産業奨励館、電車通り北向かいの鉄筋コンクリート四階建て商工経済会、その東方に立つ護国神社の鳥居、この四か所のみが爆心地近辺西側における建物残骸となった。

　商工経済会と護国神社の鳥居がある町域を基町《もとまち》と称し、そこから南の電車通りならびに日赤倉庫と産業奨励館の東方一帯を猿楽町《さるがくちょう》と呼んだ。江戸時代に、能楽の役者や囃し方が多く住んでいたと言う。被爆で、城下町に由来する町名が消えた。

島外科病院

産業奨励館の南東側に接して西蓮寺が建ち、その隣りに西向寺が並んでいた。西向寺の北側には、細い道を挟んで墓地がある。細い道は、国民学校の下級生たちが上級生に命じられ恐ろしさで半泣きしながら通る、「肝試し」の道でもあった。

その細い道を東へ向かうと、広い南北道路に出る。南北道路の正面が産婦人科の山陽医院で、南に一軒挟んで島外科病院（現・島内科病院）が建っていた。

既述のように、この島外科病院が爆心地にあたる。旧島外科病院は南向きの中庭を囲んで二階建て三棟がコの字型に並び、南北道路沿いの正面入口が煉瓦造り、他は木造だった。被爆で、壁の厚い入口周辺だけを残して瓦解した（本書一五ページ写真）。

この辺り一帯を、細工町と呼んだ。細工という呼称も江戸時代にさかのぼり、女性の髪飾りや茶の湯の竹製小道具造りに励む職人たちを、思い浮かばせる。だが町は被爆で全面の焦土と化し、昔日の風情も町名も消滅した。

広島郵便局

島外科病院前の南北道路を挟んで向かいに、広島郵便局の大きな建物があった。外観を洋風に装い、道路が四五度の右折で元安橋へ向かうにつれ建物も屈折の造りになっていた。屈折の地点に郵便局の正面入口があり、その部分が三階建て、他は二階建て（地下一階）だった。一階が煉瓦造り、二階と三階が木造で、三階正面に取り付けている大きな丸い時計を市民は目印にした。

爆心地に隣接のため、熱線と衝撃波に耐えられなかった。被爆時の在籍職員三二四人のうち、夕刻出勤予定の宿直者を除く二二二人が即死した。加えて勤労動員の祇園《ぎおん》高等女学校（安佐郡祇園町）四八人と本川国民学校一七人、女子挺身隊員一人が命を絶たれた。死者の総数が二八八人になる。「瓦れきが地下室まで落ち込み（中略）局舎周囲の基礎石とレンガだけ」*1が残った。生存者が皆無なので、被爆の瞬間を綴る記録はない。

正面入口の脇に、広島市道路元標が設置されていた。京都と下関を結ぶ西国街道の、広島からの路程を測る基準として用いられた。そこから東へ向かう道路を、本通りと呼んだ。今もその名を継承する。一方の西へは、元安川、本川、天満川、福島川、山手川を越えて己斐へ行き、宮島を目指す。

道路元標は現在、元安橋の東詰め北側に移設している。原爆の熱線で上部三分の二が真っ白になり、彫り込みの文字が読めない。

*1『碑 広島郵便局殉職者追悼誌』67ページ

広島市道路元標
（元安橋東詰め北）

元安橋

広島郵便局前の道路に沿って斜め右へ曲ると、元安川の元安橋に出る。元安橋は幅六・九メートル、長さ四九・七メートル、橋の中央が爆心地の南西一二〇メートルにあたる。ほぼ真上から熱線と衝撃波を受け、橋の上流側と下流側の欄干が同一方向ではなく両開きの方向にそれぞれ落下した。石造りの点灯箱も、相反する方向へずれた。

3 元安川西方

中島地区

元安橋を西へ渡ると、元安川と本川に挟まれた中島《なかじま》地区へ入る。中島本町《ほんまち》、元柳町《もとやなぎまち》、材木町、天神町《てんじんまち》、木挽町《こびきちょう》、中島新町《しんまち》を総称し、現在は中島町を町名としつつ北側三分の二が平和記念公園になっている。西国街道とともに、古い歴史を培ってきた。一〇を数える寺院が建ち、旅館、料亭、喫茶店、食堂、映画館、各種の商店、医院などが軒を連ね、繁華街として栄えた。だがその由緒を

元安橋
（橋の向こう側左の建物は広島県燃料配給統制組合本部
岸本吉太氏撮影 岸本担氏提供）

尊重されることなくこの地区は、天神町、材木町、木挽町、中島新町が後述の水主町《かこまち》と合わせ第六次建物疎開の対象になった。中等学校や国民学校高等科の生徒一八九九人が動員され、多数の義勇隊員とともに働いた。その結末は、次の記録として残る。

＊第二国民学校　二五〇人全員死亡（『広島原爆戦災誌 第四巻』34ページ）
＊県立広島第二中学校　三二一人全員死亡（『広島原爆投下時における避難の実態』75ページ）
＊県立広島工業学校　一九二人全員死亡（『県立広島工業八十年史』62～63ページ）
＊市立第一工業学校　一五人全員死亡（『県立広島工業八十年史』62～63ページ）
＊市立造船工業学校　一九四人全員死亡（『広島原爆投下時における避難の実態』75ページ）
＊市立第一高等女学校　五四一人全員死亡（『広島原爆投下時における避難の実態』75ページ）
＊松本工業学校　五四人全員死亡（『広島原爆投下時における避難の実態』79ページ）
＊山陽中学　商業学校　五〇人全員死亡（『広島原爆投下時における避難の実態』75ページ）
＊安田高等女学校　二四五人全員死亡（『広島原爆投下時における避難の実態』75ページ）
＊崇徳中学校　三七人中三五人死亡（『崇徳学園百二十年史』289～290ページ）

一二歳から一四歳の幼い生徒たちが、「お国のため」汗と埃にまみれた。あげくの姿を、数字が冷淡に示す。動員一八九九人のうち、二人を除く一八九七人が死亡した。そのうえ原爆は地域限定の建物疎開を一笑するかのように、中島地区全域を猛火で包んだ。小手先の手段による延命策は、無力だった。

焦土に残った建物の残骸は、元安橋から本川橋に至る中島本通り（旧・西国街道）沿いの、広島県燃料配給統制組合本部（現・平和記念公園レストハウス）、三井生命広島支店、藤井商事、日本簡易火災保険広島支店の、四か所しかない。

被爆翌日の八月七日、安佐郡川内《かわうち》村（現・広島市安佐南区川内）にある農家の四九歳妻が、夫を探しながら中島地区を丹念に歩いた。

相生橋《あいおいばし》、元安橋《もとやすばし》のあたりは、黒こげや焼けただれたむごたらしい死体の山じゃった。川の中にも土手にも死体ばっかり、途中には一女（広島第一高女）の生徒さんがまるでゴリ（川ハゼ）を干したように死んどられました。雁木《がんき》（引用注・川岸の石段）に座ったままのかっこうで、ずらり死んでおった。（中略）防火水槽にたくさんの人が首を突っ込んで死んどられた。相生橋には、焼け死んだ軍馬にとりすがるようにして、兵隊さんが死んどった。あわれな姿じゃったよのう。[*1]

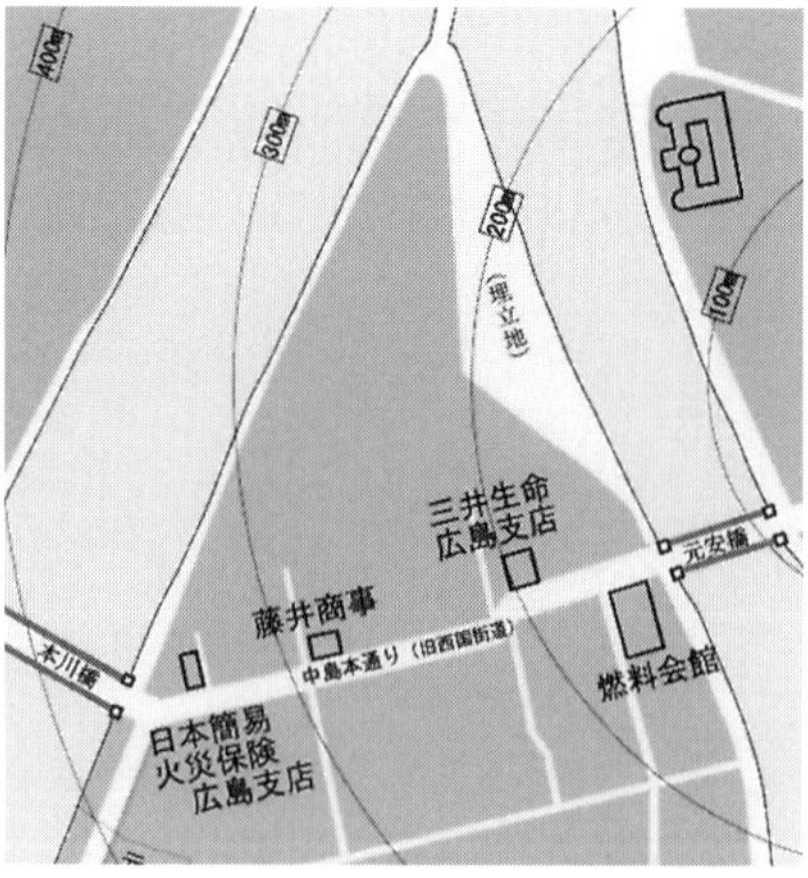

中島地区の建物残骸

＊1『原爆に夫を奪われて』181ページ

万代橋

中島地区の南に、水主町がある。町域の東を元安川が流れ、万代《よろずよ》橋が架かっている。幅五・五メートル、長さ九五・六メートル、県庁に通じるので「県庁橋」とも呼んだ。爆心地の南南西九〇〇メー

万代橋
（米軍撮影 広島原爆被災撮影者の会提供）

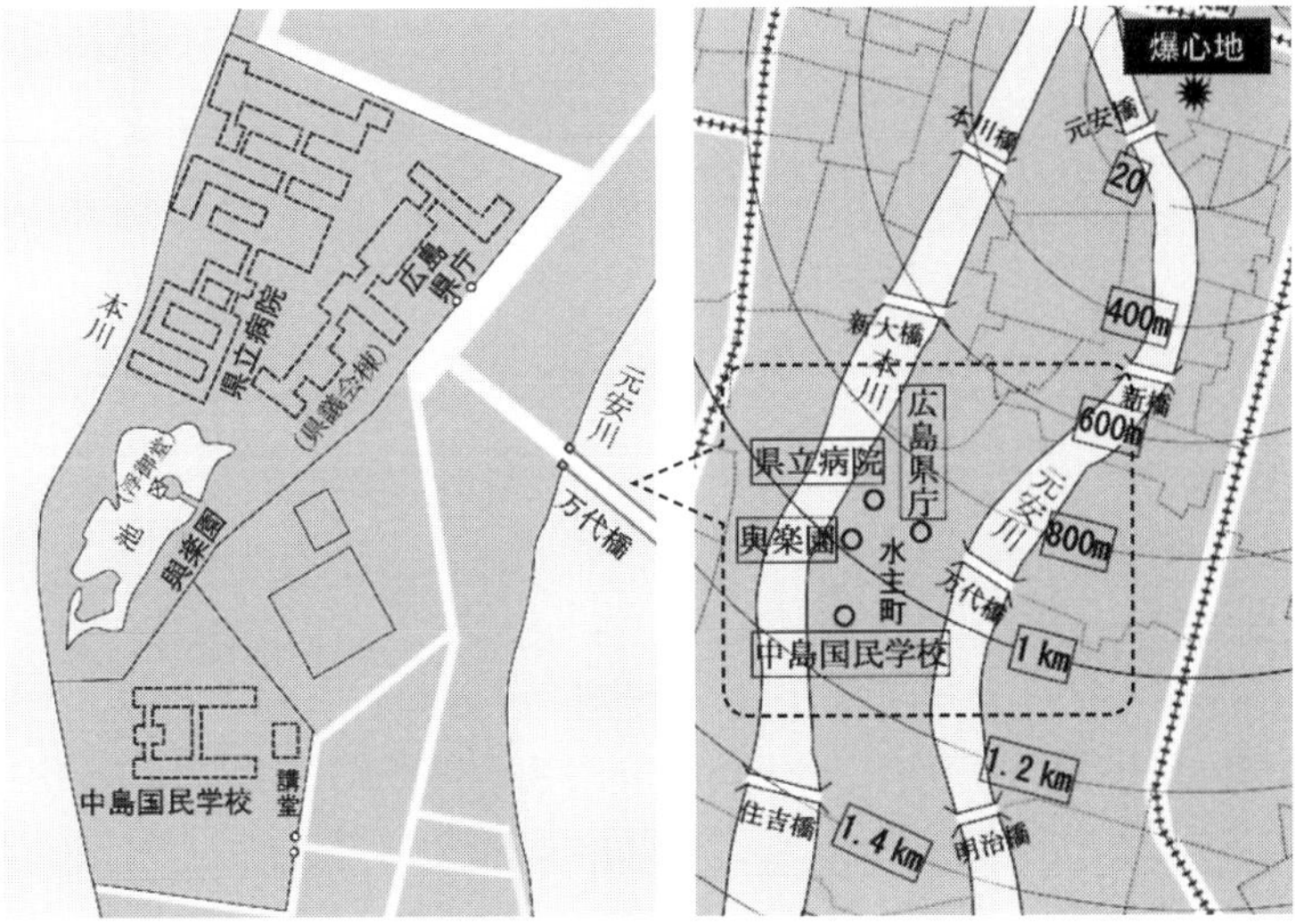

水主町の焼失建物

トルに位置し、上空から五六度の角度で熱線を照射されて路面が焦げ、上流側の欄干が白い影の格子模様をくっきりと残した。熱線の強さを語る。

広島県庁

万代橋の西詰め正面に、広島県庁が建っていた。爆心地の南西九〇〇メートル、木造二階建ての庁舎は、全壊のうえ全焼した。「明治十一年（引用注・一八七八年）に建てた、総欅《けやき》造りで白く優雅であった正面玄関は今はない」[*2]。被爆直後の幻を、職員が愛惜を込め書いた。

出先部署を除く本庁の在籍職員およそ一五〇〇人のうち一一〇七人が出勤し、死亡および行方不明五八六人、負傷二六七人、計八五三人が死傷した。

*2『広島県庁原爆被災誌』61ページ

県立広島病院

県庁舎のすぐ西が、県立病院の所在地になる。本川の流れに沿って建つ。医師や看護婦など職員およそ二〇〇人、病床二五〇余り、すべての診療科を備える総合病院だった。木造二階建て九棟のうち、本館など四棟はそのままに他を解体し、跡地に防空壕を築き万一の備えにしていた。だが残すはずの四棟は県庁舎同様に被爆で倒壊のうえ、九棟すべてが焼け果て、職員もほとんどを失った。

隣接して、広島藩主浅野家の築造による與楽園《よらくえん》という庭園があった。大きな池と浮御堂、築山を配し、県庁や県立病院の職員が昼休みに憩う和みの場として親しまれた。戦時下なので築山三つを、それぞれ一五人ほど収容可能な防空壕にした。

まず目に入ったのは池であった。岸辺にしがみついた多くの死体だった。私は一人一人のぞき見て歩いた。或いは同僚ではないか、知人ではないか、と探し求めたけれど誰一人として誰人であるかを示す容相をした者はなかった。

一様に腰の辺までは水中に、胸を岸に手をついた人、仰向いて両手で空をかきちぎっている人達で、皆、裸の姿であった。中には、水中に沈んだ人はないかと、よく見たが体がふるえて浮御堂まではゆけなかった。防空壕の中には、それぞれ四、五人の死体が、苦しみに耐え抜いた姿で、皆昇天していた。[*3]

＊3『広島原爆戦災誌 第三巻』34ページ

中島国民学校

広島県庁、県立病院、與楽園に続き、中島国民学校が存在した。爆心地の南西一・一キロ、児童およそ八〇〇人のほとんどが縁故疎開や集団疎開しており、残留児童は数えるほどしかいなかった。中島国民学校は、県庁や県立病院を空襲の延焼から守るため建物疎開の対象にされ、講堂と宿直室を除く木造二階建て七四教室の解体作業中だった。廃材が、運動場にうず高く積まれていた。講堂を、職員室と教室の兼用にした。
その講堂が原爆によって倒壊し、校庭の廃材とともに燃え上がった。中島国民学校の、建物すべてが消えた。守るはずの県庁舎と県立病院も灰燼となり、水主町内の木造民家全戸が燃え尽き、一帯が死の焦土と化した。
残留児童六年男児が被爆直後に校門を飛び出し、わが家へ向かった。高校三年の時の手記がある。

ただひたすら自分の家のことばかり考えながら、はだしのままで、道路上に倒れて道をふさいでいる屋根の上をつっ走った。途中で、友の一人一人と分かれるにつれて、家を思う心はますます強まるばかりであった。[*4]

*4『原爆の子』222ジペー

住吉橋

中島国民学校から南へ下ると、住吉橋がある。爆心地からの距離は一・四キロ、五年生男児が次の場面に遭遇し、高校二年生になって手記を書いた。

住吉橋近くに来た時、僕は一つの壊れかけた水槽に、数人の人達が頭を突込んでしきりに水を飲んでいるのを見た。僕も非常に喉が乾いていたし、始めて見る人の懐かしさに、半分無意識で両親のそばを離れその方へ近づいていった。水槽の中が見えるくらいまで近寄った時、僕は思わず「あッ」と声を上げて、後退りをした。（中略）彼等は水槽にもたれ、水槽に首を突込んで、水をのみかけたまま死んでいたのだ。焼け千切れたセーラー服から女学生だということがわかったけれども、髪の毛は一本もなく、やけただれた顔は血で真赤に染まり、到底人間の顔とは思えなかった。*5

*5『原爆の子』190ﾍﾟｰｼﾞ

南大橋

住吉橋の一五〇メートル南で水主町の町域が終わり、吉島羽衣町《よしじまはごろもちょう》と吉島町に分かれる。吉島羽衣町の東を元安川が流れ、南大橋が架かっている。爆心地からの距離は一・七キロ、広島工業専門学校生二〇歳が描写した。

南大橋のたもとにはイワシを並べたように片側に死者、そして息も絶え絶えの人が炎天下の路上に横たわり水を求め、手当を願い、肉親の名を叫び続けていた。蔭を求めたとて、電柱本の蔭さえない焼け野原であった。

南大橋の下を流れる川は海に近く、河口から川上へ目のとどく限り、見分けもつかぬほど異様に膨れあがった死体が、川面を埋めつくしていた。*6

＊6『この子らに語りつぐもの 第1集』149ページ

陸軍飛行場

南大橋の近くで、西消防署吉島出張所の一七歳消防士が被爆した。南へ下ると、吉島本町に陸軍飛行場がある。

立ちあがろうと思った時、両手の甲の皮がちょうど手袋のようにぶらさがっていた。すぐその皮をむしり取ったが、まだ何か顔の方がゾクゾクするので、手を顔にやるとまだ薄い皮がぶらさがっていた。（中略）どうにかしてこの場を逃げなければと思い、いつしか避難者の中にまじって吉島の飛行場の方に歩いていた。（中略）

たどりつくと、広場には横になっている者、すわっている者、立っている者、すべてが負傷した人であり、血だらけになった人が大声で助けを求め、また、肉親を捜している者、それぞれが皆、男とも女ともわからぬ姿でもがき苦しんでいる。ちょうど、地ごくの世界にはいりこんだようであった。私もその中のひとりであり、私は顔一面、首、両手と露出した部分は全部、そして右足股部が、ズボンの上から火傷し、ズボン等は、みる形もなくちぎれ裂けている。そして、真昼ごろは、照りつける太陽で傷の跡がひしひしと痛む。どこかの陰にはいらなければと思っても、陰はどこにもない。もうなるがままに、広場に横になって苦しんでいた。＊7

＊7『原爆体験記』広島市役所1〜2ページ

4 本川西方

相生橋

産業奨励館のすぐそばに、原爆搭載のエノラ・ゲイ号が投下目標にした相生橋がある。下流側から見ると、T字型をしている。T字の横棒は幅二二メートル、長さ一二二メートル、電車の軌道を挟み車道と歩道が対向して敷設され、その中央から直角に南へ分岐する橋がT字の縦棒になる。

原爆炸裂と同じ時間帯の午前八時五分、広島湾の潮位が三メートル一〇センチに達し、市内の川は満潮になっていた。橋の中心点が爆心地の西北西二九〇メートルに位置する相生橋は、直下の川面で反射した衝撃波によって、T字横棒の上流側が突き上げられた。そのため上流側の車道が歩道へおよそ四〇センチせり上がり、歩道の床材が上流側へ一メートル余りずれ、車道と歩道の間に人が川へ落ちるほどの隙間を生じた。橋桁に設置の雨水排水管も、衝撃波の突き上げに伴い車道と歩道の境を斜め上に一メートルほど突き抜け、路面上に立ち姿をさらした。

本川国民学校

相生橋西詰めの本川下流一帯を、鍛治屋町《かじやちょう》と呼んだ。そこに、鉄筋コンクリート三階二七教室の本川国民学校がある。爆心地の西北西四〇〇メートルに相当する。

児童およそ一二〇〇人のうち、疎開の八〇〇人を除く残留四〇〇人は被爆当日、前述の広島郵便局へ勤労動員一七人、後述の小網町における建物疎開作業へ七二人、学校内の授業二一八人、近隣のお寺などで授業九〇余人、に分かれた。

原爆が炸裂し、勤労動員と建物疎開作業の計八九人全員が死亡した。学校は北校舎と西校舎があり、南北に長い西校舎を衝撃波が突き抜け、窓枠や室内の設備が破壊された。そのうえ内部焼失で校舎の外形だけが残った。校内の児童二一八人中二一六人が即死、さらに一人がほどなく他界したため、生き残れた児童はたった一人しかいない。

本川国民学校
（中央は産業奨励館 左は商工経済会
尾木正己氏撮影 広島原爆被災撮影者の会提供）

本川国民学校の被爆１階校舎
（中区本川町１丁目 現・本川小学校平和資料館）

本川国民学校を視点に西から南へかけ、およそ九〇度の範囲で見える建物の残骸は、猫屋町《ねこやちょう》の鉄筋コンクリート三階建て光道《こうどう》国民学校と、北榎町《きたえのまち》の鉄筋コンクリート三階建て広島中央電話局西分局だけとなった。遠い己斐の山並みや瀬戸内海の島が、身近に映った。

広島中央電話局西分局

数少ない残存建造物の一つ広島中央電話局西分局は、爆心地の西北西およそ一キロに建つ。衝撃波で窓枠が吹き飛び、ガラスの破片が散乱し、室内の壁や備品がことごとく破壊された。

三階で被爆の二〇歳女子挺身隊員が、避難の人々を描写した。

> 外に出た、そこにもここにもおなじ恰好の人達。その身に布が焼けついてほとんど男女の区別のつかない人、絣の黒色の所が焼け、白い所だけ残ったボロボロのモンぺらしいものを少し身につけた人。どんどん電話局めざして避難してくる放心の人々は、土間に、通路に、少しの陰をみつけて倒れこんでくる。力つきたか表の砂利の

本川以西の建物残骸

上に倒れこむ人に、容赦なく照りつける真夏の太陽は、焼けただれた皮膚に、どこまでもやけつく。みるみる皮膚はひきつって赤黄色く変色していく。目玉は上向いて太陽をにらみつけたまま動かなくなった。はれあがった唇は、上下にめくれ、固くとじたまま。[*1]

気温は午前九時で二七・三度、午後二時四五分に最高三一・五度を記録した。西分局の周囲に、「足の踏み場のない死体[*2]」が転がった。

*1『いつまでも絶えることなく』21ページ　*2 同21ページ

広島中央電話局西分局
(米国戦略爆撃調査団撮影
アメリカ国立公文書館提供)

小網町

右記の西分局は、天満川東岸沿いにある。土手を南へ下ると、榎町、堺町《さかいまち》四丁目を経て、小網《こあみ》町《ちょう》に至る。

この堺町と小網町、さらに小網町東の西新町《にししんまち》が第六次建物疎開の対象にされた。爆心地の西南西七〇〇メートルないし一キロ、一七四五人の生徒が働き、次の結末になった。

＊本川国民学校　七二人全員死亡（『広島原爆戦災誌第四巻』34ページ）
＊天満国民学校　九〇人全員死亡（『広島原爆戦災誌第四巻』34ページ）
＊県立広島第一中学校　五〇人全員死亡（『広島一中国泰寺高校百年史』495ページ）
＊県立広島商業学校　九〇人全員死亡（『広島原爆投下時における避難の実態』79ページ）
＊県立第一高等女学校　二二三人全員死亡（『広島原爆投下時における避難の実態』79ページ）
＊市立中学　三一六人全員死亡（『広島原爆投下時における避難の実態』80ページ）
＊安芸高等女学校　二三七人全員死亡（『広島原爆投下時における避難の実態』80ページ）
＊西高等女学校　一五〇人全員死亡（『広島原爆投下時における避難の実態』79ページ）
＊草津国民学校　一六七人中二人死亡（『広島原爆戦災誌第四巻』34ページ）
＊三篠国民学校　二五〇人中一〇二人死亡（『広島原爆戦災誌第四巻』34ページ）
＊崇徳中学校　一〇〇人中五五人死亡（『崇徳学園百二十年史』290ページ）

無言の生徒一三八七人が語るものは、何なのだろうか。全員死亡した広島市立中学校一年生の、母親による手記がある。

その年の十月の中頃、やっと歩けるようになった私は次女と一面瓦礫と化した広島の白い道を、小網町での市中の生徒の作業所あととおぼしき場所へたどりつきました。若しや、あの子の身につけた物でも落ちてはいないかと探し廻りました。ふと市立中学の帽章がなかば土に埋もれているのを見つけ、あの子に逢った様に嬉しく胸に抱き、土に坐って母娘は声をあげて泣きました。

十月の空は、あくまで青く澄み何の物音もせず、又あの日の悲惨な出来事などなかった様に秋風は私たちの頭上を吹きぬけていきました。[*3]

＊3 『鎮魂』33〜34ページ

小網町
（左の建物は光道国民学校 鉄塔は送電線支柱
岸本吉太氏撮影 岸本担氏提供）

5 紙屋町――袋町

爆心地近辺東側

相生橋から電車通りに沿って猿楽町を東へたどると、紙屋町に至る。紙屋町で電車の軌道は、T字型に分岐する。T字縦棒の、南へ向かう軌道沿いには銀行や生命保険会社の建物が並んでいた。それらは鉄筋コンクリートもしくは煉瓦造りで被爆による倒壊はしなかったものの、内部焼失の残骸になった。

電車の軌道東側を北から南へ、芸備銀行本店（五階）、住友銀行広島支店（四階、地下一階）、安田生命広島支店（三階）、明治生命広島支店（四階）、富国生命ビル（七階、地下一階）、日本銀行広島支店（三階、地下一階）の、計六つが点在した。芸備銀行は爆心地の東二七〇メートル、日本銀行が南南東四〇〇メートルになる。

安田生命広島支店に接する南側には、本通り（旧西国街道）がある。東西に長い本通りに面して、安田生命の一筋東で帝国銀行広島支店（二階）、さらに一筋東で安田銀行広島支店（三

安田生命広島支店
（左手前 右奥は帝国銀行広島支店
米軍撮影 広島平和記念資料館提供）

経済中心地の建物残骸

階）が無惨な姿に変わり果てた。

　電車通りの二筋西、大手町通りにおいても北から南へ、千代田生命広島支店（三階）、第一銀行広島支店（二階）、三和銀行広島支店（二階、一部三階）、日本生命広島支店（二階）、銀行集会所（三階）、広島瓦斯本社（三階）の、計六つが残骸で並んだ。爆心地からの距離は千代田生命が東一五〇メートル、広島瓦斯が南二一〇メートルにあたる。

　一帯は経済の中心地で、多くの商店が連なっていた。その景色が一変し、右に記す焼け焦げの建造物がまばらに残るだけとなった。

　住友銀行広島支店の正面入口にある石段に、人の影が黒く焼き付けられた。石段に腰掛け、右足を伸ばし、左足の膝を立てていた、と見える。あるいは石段を昇ろうとして片足で立ち、一方の足

日本銀行広島支店
（建物右手前に電車の残骸 右の大木は国泰寺の楠
川本俊雄氏撮影 川本祥雄氏提供）

帝国銀行広島支店
（井上直通氏撮影 広島平和記念資料館提供）

を曲げた瞬間なのかも知れない。二三度上空から熱線を照射された。熱線が石段の表面を白く変色させたため、人の姿が黒い影になり残った。銀行の開店を待ちながらひと休みしていたのか、日陰を求めて立ち寄ったのか。黒い人影が、原爆の非情を無言で語る。

袋町国民学校

住友銀行広島支店から電車通りに沿って再び南へ下り、日本銀行広島支店前に立つ。すぐ南の、東へ向かう細い道を進むと最初の四つ角の左前方に、鉄筋コンクリート三階二一教室の袋町《ふくろまち》国民学校がある。

昔からの木造校舎は建物疎開の対象になり、壊された。その廃材を八月六日に、疎開していない残留児童二一〇人のうち一四〇人が片づけることになっていた。あとの七〇人は、後述の雑魚場町《ざこばまち》建物疎開作業に動員された。

一四〇人が片づけをしている時、原爆の炸裂を受けた。爆心地の南東四七〇メートル、鉄筋校舎の地下室にいた児童三人を除く一三七人が、不帰になった。一方で雑魚場町建物疎開作業に従事の高等科女子は、七〇人中六八人が命を絶たれた。校庭で被爆の児童と合わせ残留児童二一〇人のうち、生き残れたのはわずか五人しかいない。

広島瓦斯本社
(右奥は産業奨励館
米軍撮影 広島平和記念資料館提供)

広島中央電話局

袋町国民学校のすぐ東、下中町《しもなかまち》に、鉄筋コンクリート二階（一部三階）の広島中央電話局がある。爆心地の東南東五六〇メートルにあたる。

被爆の時刻、電話交換手の女性など宿直明けのおよそ五〇人が「バルコニーに集合して退庁挨拶をしていた」[*1]。熱線に照射された。衝撃波でバルコニーから転落した交換手も何人かいる。

屋内の交換室では交換手たちがブレスト（胸掛電話機）とヘッドホンを身に付け、「肩には防空頭巾と救急袋を掛け」[*2]、仕事を始めた直後だった。勤労動員の進徳高等女学校三年生一五歳が記す。

> 「ピカッ」と光った、と思うまにあたりは真暗闇と化し、つづいて「ドン」と、無気味な物凄い音がしたかと思うと、異様なガスくさい臭いが漂ってきた。息もつまるばかりに苦しくなってくる。発声しようも、舌先から咽喉に何か詰まり、ざらざらしたような変な感じがし、「お母さん！」と呼べど声が出ない。気分がじりじりする。（中略）起きようともがくけれど起きられない。背の上に何か覆いかぶさっている。遠近から「ガラガラ」「ザアッザアッ！」と、

爆心地東南部遠景 袋町と小町
（左奥の横長建物が袋町国民学校 その手前にある２階部分迷彩建物が広島中央電話局
林重男氏撮影 広島平和記念資料館提供）

建物の倒壊する音、それにまじって母を呼ぶ声、泣き叫ぶ声、悲壮な救いを求める声、天地を怨む声、さながらこの世での阿鼻叫喚であった。*3

不幸なことに交換室の出入口は扉が内開き構造になっており、交換手たちの殺到で扉が開かなくなった。屋外にいた者と合わせ、職員や女子挺身隊員、勤労動員の女学生一七〇人など出勤者四五一人のうち、二〇五人が死亡した。

前記の進徳高女三年生は、負傷の体で窓から屋外へ飛び降りた。手記が続く。

仰天した。私達のところだけ被害を蒙ったのだと思い込んでいた矢先なので、余りにも周囲の変り果てた姿には唖然とした。一瞬にしてあの好天気が、どんより曇った薄暗い夕暮れに褐色をまぜ合したような、かつてなかった景色と変り、青い樹木はみな枯れ果てて黒焦げとなり、突立っている。電柱、電線ありとあらゆるものが地に横たわり、あたかも夕闇迫る枯木立に立入った感であった。四方に目をやると、いずれにも焔が燃え上がり、恐ろしい火の手が遠近に燃え広がっている。*4

文中にある「私達のところだけ被害を蒙った」との思い込みは、被爆者の誰にも共通していた。爆弾の衝撃音が一回きりなので、「私達のところだけ」と直感した。しかも通常爆弾だと爆発後の地面に破裂の凹みが残るのに、見当らず、人々は不思議に思った。空中爆発による被弾経験は、これまでなかった。

*1『廣島原爆誌』124ページ　*2『ねがいを込めて』26ページ
*3『原爆体験記』朝日新聞社191ページ　*4同193ページ

国泰寺

再び日本銀行広島支店前に戻る。町名は袋町、すぐ南が小町になる。小町に国泰寺という旧藩主浅野家の菩提寺があり、人々に崇められてきた。樹齢三五〇年の楠が豊かに枝を広げ、その根が電車通りにはみ出ているため根を痛めないようにと、歩道を盛り土にし、電車の軌道も根を避け曲線で敷設していた。歩道の盛り土と軌道の曲線に市民の、古刹に対する敬愛の情がこもる。

だが原爆は、人情も歴史も一閃で砕いた。天然記念物の楠は、一本が衝撃波でなぎ倒され、他の一本が炎に包まれた。日本銀行広島支店の前掲写真（一〇二ページ）に、焼けた楠の幹が写っている。

米軍は日本へ原爆を投下する候補地選定にあたり、当初の第一候補京都を終局において外した。この戦争で日本が敗れ、米軍が占領し、日本国民の反感なしに占領政策を進める必須条件として、古都の歴史遺産を破壊しない、との理由だった。一方で、広島の歴史は抹殺した。

6 小町——鷹野橋

中国配電本店

国泰寺前の電車通りは南へ下り、東西を結ぶ道路と直交する。その道路は建物強制疎開道路で、西が前述の小網町、東が後述の鶴見《つるみ》橋へ至り、現在は幅一〇〇メートル、長さ四キロの、平和大通りと名づけられている。

交差点を南へ渡ると、鉄筋コンクリート五階（地下一階）の中国配電本店がある。爆心地の南六七〇メートル、一階で勤務の男性社員が被爆の瞬間を書いた。

とつぜん！　青白い光が、部屋に満ちたと同時に、両耳を平手で打たれたように、耳が、じーんと鳴った。（中略）真暗闇だ。机の西側には、本棚や椅子などが、倒れたり散らかっているらしく通れそうにない。机の上を向側へ越えて、出口の方へ手さぐり

中国配電本店
（右端の建物は市立浅野図書館
米軍撮影 広島平和記念資料館提供）

足さぐりで歩いた。（中略）その時、部屋の北側の数個の窓のうち三つの窓ぎわで、帳簿か、用紙らしいものが、燃えあがっていた。（中略）部屋が火の手でたちまち明かるくなった。[*1]熱線による発火だった。建物は、外形だけの無惨な姿になった。

*1『ヒロシマの証言』15〜16ページ

第一中学校

中国配電本店の近くに、木造二階三八教室の県立広島第一中学校が広い敷地で存在した。町名は雑魚場町、爆心地の南南東九〇〇メートルに相当する。

生徒一五〇〇余人のうち、二年生以上が軍需工場などへ勤労動員された。一方で、三年生の一部五〇人が前述の小網町建物疎開作業に、一年生三〇〇人が雑魚場町の建物疎開作業に従事した。

雑魚場町の作業現場は爆心地から一・一キロ、同校運動場のすぐ南にあり、市役所の東にあたる。

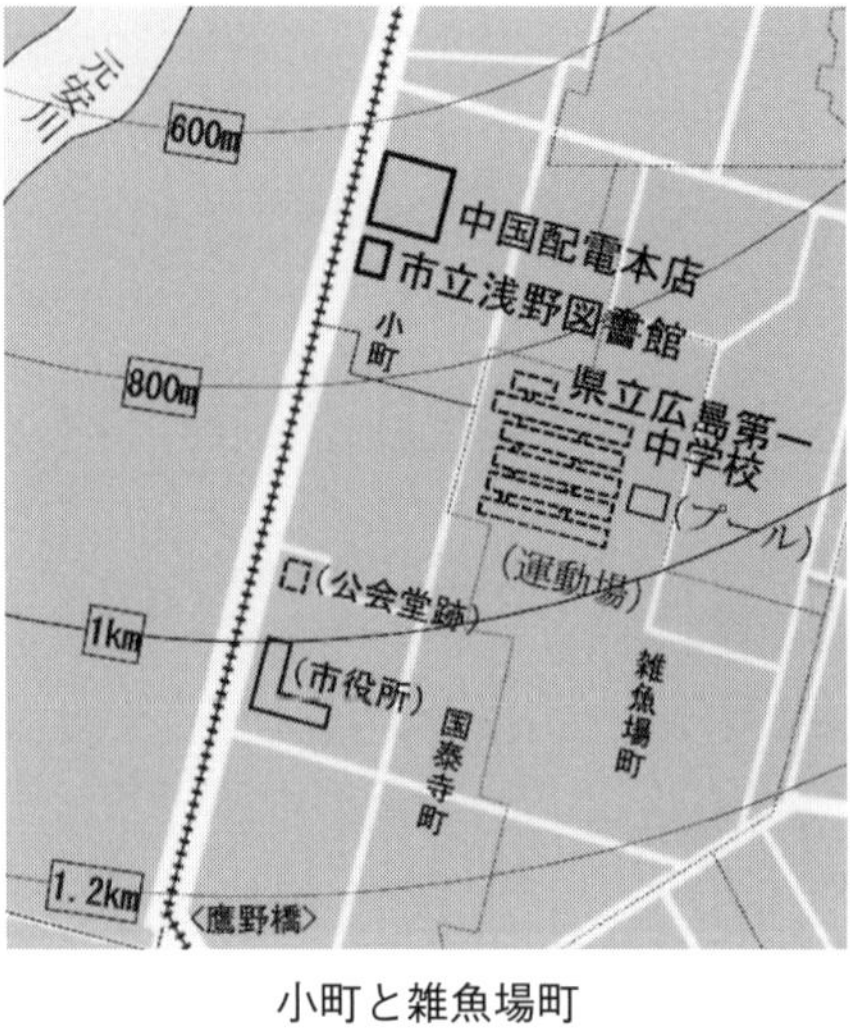

小町と雑魚場町

炎天下の作業なので一年生六学級を奇数学級と偶数学級の各一五〇人に分け、一時間交替で作業するてはずになっていた。奇数学級生が作業現場へ行き、偶数学級生が教室で待機中に、原爆の炸裂を受けた。

校舎が瞬時に倒壊し、偶数学級生およそ五〇人が即死した。「西北一帯は火の海、中国配電と思う建物からは濛々たる煙の中に、何とも言うことの出来ない恐ろしい赤黒い火焔が窓から吹き出ている[*2]」。一〇〇人が倒壊校舎から這い出たものの、死を免れた生徒は数えるほどしかいない。

一方、建物疎開作業現場の奇数学級生は、熱線に照射された。火傷の体で、学校のプールへ逃げ込んだ。水に浸ると、死期が早まる。

奇数学級と偶数学級とを合わせ一年生三〇〇人のうち、二八二人が死亡した。生存一八人の一人が記す。「生き残った生徒達は、亡くなられた生徒の御遺族にお会いするのがつらくて、常に避ける様にしていた[*3]」。生涯にわたり、負い目がつきまとう。破壊力が絶大な原爆は死者に限らず生者にも、むごい仕打ちをもたらした。

＊2『倒壊校舎脱出手記』29ページ　＊3『ゆーかりの友』はしがき

雑魚場町

右記の雑魚場町建物疎開作業には第一中学校だけでなく、他校の生徒も多数動員された。そして、次の結末になった。

＊千田国民学校　五〇人全員死亡（『広島原爆戦災誌第四巻』33ページ）
＊山陽中学　商業学校　三五九人全員死亡（『広島原爆投下時における避難の実態』92ページ）
＊袋町国民学校　七〇人中六八人死亡（『広島原爆戦災誌第四巻』33ページ）
＊大手町国民学校　四五人中四〇人死亡（『広島原爆戦災誌第四巻』33ページ）
＊第三国民学校　二〇九人中一五二人死亡（『広島原爆戦災誌第四巻』33ページ）
＊県立広島第一中学校　三〇〇人中二八二人死亡（『広島一中国泰寺高校百年史』492ページ）
＊県立広島商業学校　四四〇人中九〇人死亡（『広島原爆戦災誌第四巻』33ページ）
＊県立広島第二高等女学校　三九人中三八人死亡（『広島第二県女二年西組』7ページ）
＊修道中学校　一八〇人中一三六人死亡（『流光――語り継ごう平和を』7ページ）
＊広島女学院高等女学校　二五〇人中二一一人死亡（『平和を祈る人たちへ』457ページ）
＊附属山中高等女学校　三三五人中三三一人死亡（『広島原爆投下時における避難の実態』92ページ）

動員総数二二七七人のうち、一七五七人が命を絶たれた。

県立広島第二高等女学校は二年西組の三九人が従事し、一人を除く三八人と引率教師二人が即死、あるいは苦しみのうちに絶命した。ただ一人生き残った生徒は被爆六か月後の学校主催死没者追悼会に出席し、弔辞を捧げこう述べた。「お許しください、級友の皆様[*4]」。

火傷した広島女学院高等女学校二年生が、手記を綴った。

目の前が少し明るくなった。友の姿を見て驚いた。血まみれになっている人、火傷して皮膚が真赤になっている人。普通ならすぐに目をそらせたくなるような姿である。私の黒く焼けただれた手からは、油が汗のように流れている。異様な臭。急に涙が出て来た。どうしてこんなにまで罪を負わねばならないのだろう？[*5]

級友の多くが命を奪われた。自身も傷ついた。「どうして」の問いが、重く響く。

熱線で火傷した義勇隊員たちは日陰を求め、作業現場のすぐ西にある市役所の中庭へ逃げ込んだ。市役所統計課二〇歳女性職員がこう記す。

服は破れてボロボロにちぎれ、皮膚はむげてブラッとさがり「わあ、わあ」と火のついたように泣き叫ぶ人、「熱い、熱い」と苦しさのあまり気が狂ったようにわめく人、油ぞうきんを塗ったように全身真っ黒になって走り回っている人、髪はみなボウボウにさばけて総立ちとなり、互いに右往左往して逃げ場もなく狂い回る人、人、生き地獄とはまさにこのことか[*6]（後略）。

雑魚場町（中央の校門が県立第一中学校
H.J. ピーターソン氏撮影 広島平和記念資料館提供）

＊4『原爆被災証言記』164ページ　＊5『原爆の子』227ページ
＊6『原爆体験記』広島市役所107ページ

鷹野橋

雑魚場町建物疎開作業現場のすぐ西に、市役所がある。市役所の正面は、電車通りに面している。官庁勤務の四六歳男性が、電車通りに踏み込んだ。

　電車道は、まるでジャングルの中を通るように電柱が全部倒れ、電線が蜘蛛の巣のように道を蔽い、その中を跨いだり、飛んだりして、ようやく市役所前まで来て見れば、築山の横の石だたみの上では、数十人の人が服も顔も真黒焦げに焦げて、大の字に仰向けに倒れ、断末魔の悲鳴を上げている。口からは血の泡を吹き出してその様は眼を蔽わしめた。[＊7]

南へ進むと、電車通りは南東へ方向を変える。その曲がり角の交差点を、鷹野橋《たかのばし》と呼ぶ。大昔に、小さな橋があったと言う。

被爆直後の鷹野橋一帯を、四二歳の男性教師が描写した。

　鷹野橋（爆心地の南、一・二キロ）までたどりつくと、その惨状はますます甚しかった。電車の転覆したもの、焼けた残骸、四肢を上に向けて驚くほどふくれあがった牛馬の死骸、飴のようにねじ倒された鉄柱、路面に渦巻く数十条の電線、無数の人の屍、うめき声、まったく筆舌に表わしえない。酸鼻《さんび》を極めたものであった。[*8]

「吹いて来る風はむっと熱く、あの毛布を焼くような異臭がこもって息がつまりそうだ[*9]」、広島高等師範学校生がそう記す。

右の手記文中に、「牛馬の死骸」が記述されている。化学肥料や水洗トイレが普及していない当時、近郊の農家の人たちが人糞を畑の肥料にするため、荷車に桶を積んで牛や馬に引かせ、馴染みの民家を次々に訪れ汲み取った。持参の野菜をお礼にした。

鷹野橋には路面電車の停留所があり、北は紙屋町、南は宇品を結ぶ。この日の被爆直前、鷹野橋―紙屋町間に、上りと下りを合わせて一〇台の電車が走行中だった。紙屋町が最も爆心地に近い。鷹野橋から順に、中破一台、全壊全焼一台、さらに中破一台を経て、全壊全焼七台、との被害を生じた。「線路に斜めになり、焼けただれている電車のステップから、半身を乗り出して腕をついたまま炭になってしまった人[*10]」など、死者の姿が命の叫びを表わしていた。日本銀行広島支店の前掲写真（一〇二ページ）には、鉄骨だけになった黒焦げの電車が写っている。

＊7『原爆体験記』朝日新聞社209ページ　＊8『ヒロシマの証言』110ページ
＊9『県労被爆連の歩み』76ページ　＊10同76〜77ページ

第四景 惨状②

御幸橋西詰めの被爆者たち
（松重美人氏撮影 中国新聞社所蔵）

1 千田町——御幸橋

前述の鷹野橋で、電車の軌道は斜めに左折し南東へと進む。その右手に千田町、左手に東千田町の家並みが続く。

広島赤十字病院

千田町一丁目に、広島赤十字病院（現＝広島赤十字・原爆病院）がある。入院を軍人患者に限り、一般市民は外来のみとした。鉄筋コンクリート三階の本館、T字型で接する鉄筋コンクリート三階の中央病棟、並

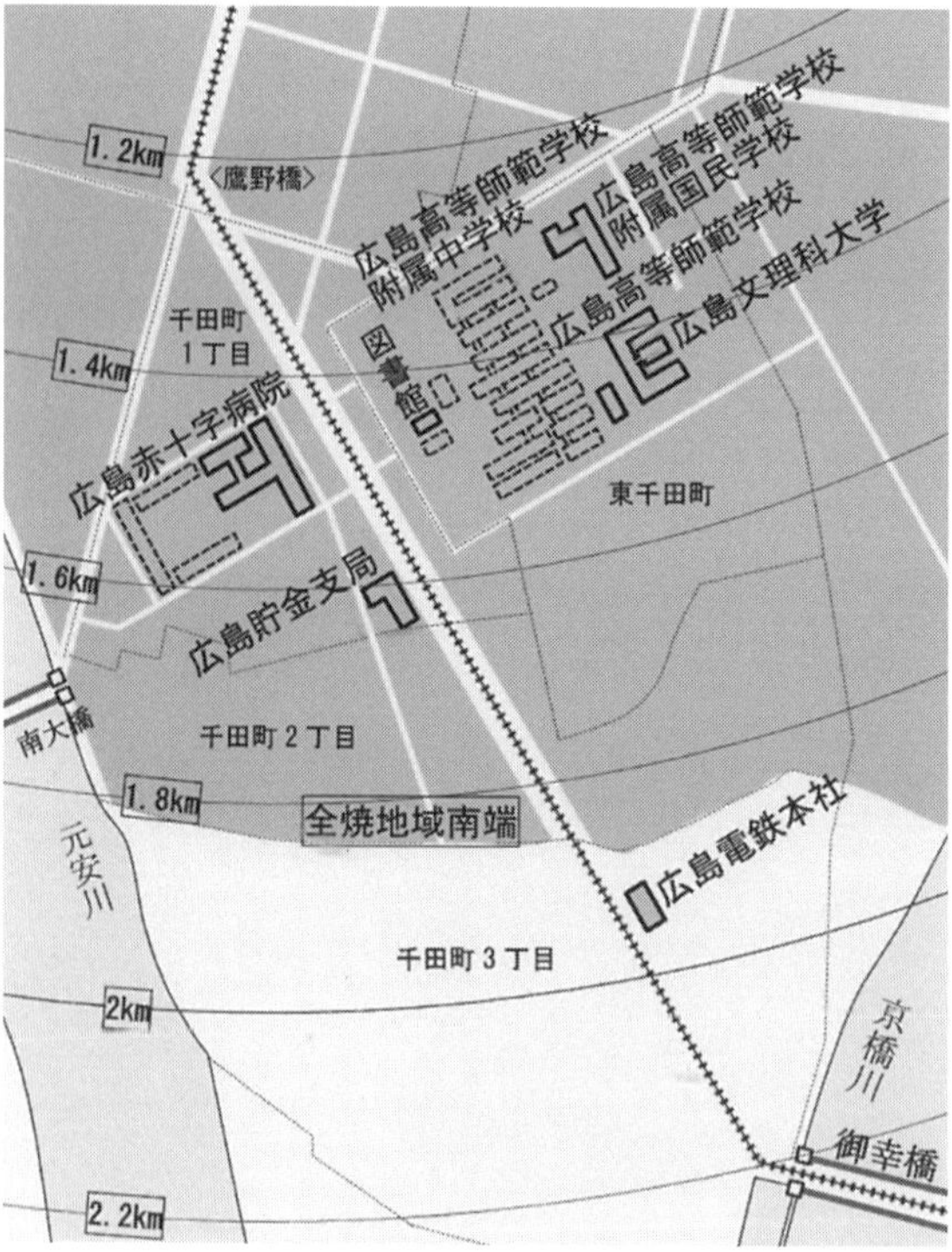

千田町と東千田町

行して北病棟、それらの敷地奥に広い運動場を転用の芋畑があり、畑を取り囲んで木造二階の隔離病棟や看護婦養成所寄宿舎などを建てていた。医師二七人、薬剤師六人、看護婦三四人、職員七九人、看護婦養成所生徒四〇八人の、総計五五四人が在籍した。爆心地の南一・五キロにあたる。

鉄筋コンクリートの本館と病棟を衝撃波が北から南へ突き抜け、窓枠を大きく歪め、窓ガラスが砕け散り、院内が荒れ果てた。

被害は木造二階の看護婦養成所寄宿舎にも及び、倒壊で生徒多数が下敷きになった。しかも付近の民家から、火の手が上がった。辛うじて這い出た生徒の一人、一年生一七歳が記す。

熱い瓦やガラスの破片の中を素足で走りまわり、同僚の声のする辺りを掘り起こそうとしたが、板切れや瓦を取り除くのが精いっぱいで、本当の救助は何一つ出来なかったと思う。「このままではやがて火に囲まれて焼死する」（中略）

その時、大きな声が響き渡った。紺碧《こんぺき》の空に灼熱の太陽を受け、長い髪を振り乱した谷口婦長が、崩れ落ちた屋根の上から息を切らしての叫び声であった。

広島赤十字病院（川本俊雄氏撮影 川本祥雄氏提供）

「皆んな早く助け出すのだ、逃げてはいけない、逃げるのではない、掘り出すのだ」[*1]

婦長は自ら、「水槽に頭もろ共飛びこんでは火の中に飛びこんで生徒を助けて来ておられました」[*2]。生徒たちが懸命に、柱や梁を動かした。軍人入院患者のうち動ける者も駆けつけた。しかし、火の広がりが早かった。救出不能な生徒二二人の、命が果てた。

一方で本館と病棟は内部が荒れたものの倒壊を免れ、その建物を目当てに焦土の市中から、負傷者が治療を求め引きも切らずやって来た。

周囲は呻《うめ》く患者が折り重なり、焼け爛《ただ》れた屍体が転がっていた。木陰を求めたのか、あちこちに植えられていた腰の高さほどの薬草の下に潜り込むような形で転がっていた死体もあった。皮膚は垂れさがり、火傷で風船のように腫れた顔、分厚い唇を動かしながら水を求めている者など、一杯だった。

院内に入ると、窓枠は飴《あめ》のようにひん曲がっていた。倒壊した天井のハリや壁土の上に、数多の重傷者が悲痛な声で呻き合っていた。熱気の中に火傷や出血で悪臭が充満し、まさに地獄そのものの光景だ[*3]。

夕刻になり、日赤病院の南にある広島女子高等師範学校附属山中高等女学校が炎に包まれ、病院の本館や病棟に火が迫った。飛び込む火の粉を叩き消すため、看護婦や生徒が竹の火叩きを持ち、あるいはバケツの水と箒を手に部屋へ散り、懸命の作業を続けた。折よく呉海軍鎮守府派遣の海兵団七三人が元安川を舟艇でさかのぼり、鷹野橋一帯で救援活動を展開していた。日赤病院の延焼危機に気づき、駆けつけた。周辺の木造建築物を引き倒し、病院本館と病棟の危機を回避した。

夜、前記引用の看護婦養成所一年生一七歳が宇品町の陸軍運輸部へ向かった。片道およそ三キロの走破になる。

血糊《の》りと土ぼこりで汚れ、ぼろぼろに破れた白衣をかき寄せながら、流れ落ちる汗に赤十字の帽子を握りしめたまま、焼野の街をひた走った。先程の婦長の命令が疲労した私の体を鞭打ったのだ。（中略）

「宇品運輸部で救急材料を求めて来い」

と言う命令を受けた。市内の方角も知らず、まして宇品など行った事のない私は、恐怖と不安が走った。しかし折り重なる重傷者に救急材料は見る見る使い果たされて治療は出来なくなっている。大きな声でなき叫ぶ悲惨な状況をみては、一刻のためらいも許されぬと、勇気を新たにして、ひたすら電車路に沿って宇品へと走り続けたのだ。（中略）

足に重たさを感じ始めたところ、運輸部に着いた。しかし、ここも外まではみ出した負傷者で一杯だった。それでも門の両側には銃を手にした衛兵が突っ立っていた。私はとっさに右手に握っていた赤十字の帽子を差し出して、要件をのべ、軍医にとりつぎを頼んだ。ところが、

「材料などあるものか、ここでも手当てが出来ないのだ」

と怒鳴りつけられた。（中略）
「少量でもよいから薬と材料を下さい」
と必死に取りすがったが、返事はなかった。張りつめた力が一度に抜けて全身に激しい痛みを感じ、その場に座り込んで動く気がなくなってしまった。（中略）でもこのまま倒れている訳にいかず、報告を早くして対策を立てて貰わなければと、疲れきった体を引きずって、再び真夜中を過ぎた中を日赤へと帰り道を走り続けた。（中略）
病院は前にも増して負傷者の列が長く続き、足の踏み場も無いほどごった返す院内では、泣き声や罵声、退避命令を出す大きな声など、刻一刻と深刻さを増している。そんな混乱の中、（中略）婦長を探し出し、悲しい報告を終えたのは朝も近い頃だった。[*4]

その時間帯に日赤病院は、近隣の火災接近でまたも防火が必要になっていた。負傷者搬入で居合わせた陸軍船舶練習部第十教育隊が対処した。先の呉海軍海兵団と同様に周囲の民家を破壊し、延焼を防いだ。時刻が被爆翌日の明け方になっていた。
在籍職員のうち医師五人を含む死亡五一人、重軽傷二五〇人を生じながらも日赤病院は、被爆者の救護を懸命に続けた。

*1『いのちの塔』66ページ　*2『続・閃光は今もなお』61ページ
*3『いのちの塔』67ページ　*4同65、68～69ページ

広島文理科大学

日赤病院前の、電車通りを挟んだ北東に広島文理科大学がある。敷地内には、広島高等師範学校と同校附属中学校、附属国民学校も存在した。爆心地の南南西一・三キロから一・五キロにわたり、校舎などが建っていた。

多くの建物のうち、鉄筋コンクリートの文理科大学と国民学校は、内部が焼け果てたものの倒壊を免れた。師範学校と中学校は木造のため建物疎開の対象になり、一棟ごとの間引きで取り壊し中を衝撃波に襲われ、全棟が崩壊し燃え上がった。附属中学校教師の妻が、駆けつけた。

> そこで見たものは、構内のすみずみまで見通しがつくほどの焼野原でした。そして高等師範学校、匆論附属中学校も全滅で人影もなく、目の前には、焼けただれた図書館、文理大、附小、銃器庫の建物が残っているだけで、一面の焼跡からは、白い煙が、あちこちと立ち昇ってその熱気で中に入って行かれず、只々呆然としばらくの間立ち尽しておりました。*5

旧広島文理科大学本館
（中区東千田町１丁目 東千田公園内
時計下の３階が中国地方総監室）

手記の夫を含む教職員三二人、学生三四人、生徒二四人が死亡し、重軽傷一三〇人を生じた。

大学本館の二階と三階を、中国地方総監府が使用していた。勅令による六月一〇日公布施行の地方総監府官制にもとづき、米軍の本土上陸に備えて全国を八区分し、それぞれに地方総監府を設置した。政府の指揮命令に頼らず、八区分ごとに陸軍の軍管区司令部ならびに海軍の鎮守府と連携を図り、軍と行政が一体となって米軍を迎え討つ。中国地方総監府は広島県の前知事を総監に、中国地方五県を配下にした。広島文理科大学本館三階の学長室を、総監室とする。

しかし八月六日、被爆により総監が自宅で絶命した。幹部職員も一八人を失った。中国地方総監府は、わずか五七日で機能不全に陥った。

＊5『生死の火』105ジペー

広島貯金支局

日赤病院と広島文理科大学の前にある電車通りを少し南東へ下ると、右側に鉄筋コンクリート四階（地下一階）の広島貯金支局が建っていた。爆心地の南一・六キロに位置する。

一五歳の勤労動員女学生が、被爆体験を書いた。

ふと見る時計は八時五分。その時通帳の記号メモを渡されて原簿を出しに行きました。原簿庫は四方鉄板の倉で一杯に原簿が保管され窓は小さく入口はシャッターがしまる重要庫でした。

急いで取り出し、一刻も早く涼しい所へ出たいと早足で入口に後一〇歩位まできた時、耳をつんざき体がゆれる轟音。ロビーの窓外が赤いオレンジに染まった。爆風が中まで飛び込んで阿鼻叫喚の地獄になりました。人々が原簿庫へと雪崩れ込んで来ると同時に、後方一杯にたつ原簿棚が倒れ落ち、私はその下敷きになりました。*6

局舎に、周辺の火が迫った。次の記述がある。

電車道をはさんだ向い側の広島文理科大学や同記念館などから発火し、付近一帯の民家の火災と重なって、貯金局はその猛火に包囲され、あたかも火の海の中に孤立する島のようになった。局舎上空には火災旋風が起り、火の粉が容赦なく庁舎内に飛びこんで来て、遂に二階と四階の破壊された椅子や机などに引火して燃えはじめた。*7

広島貯金支局
(左奥の白い横長建物は日赤病院
川本俊雄氏撮影 川本祥雄氏提供)

無数の貯金原簿が空に舞った。職員多数が懸命の消火活動を続け、辛うじて内部焼失を防ぐことができた。

＊6『語りついだヒロシマの祈り』37ページ
＊7『広島原爆戦災誌 第三巻』237ページ

御幸橋

広島貯金支局前の電車通りをさらに南東へ進むと、広島電鉄本社の社屋を左に見ながら、京橋川の御幸《みゆき》橋に着く。

御幸は天皇の来訪を意味し、全国各地に御幸通りなどの呼び名が存在する。広島の御幸橋は、明治天皇の行幸を機に命名された。幅二二メートル、長さ一四六・六メートル、爆心地の南南東二・三キロにあたる。衝撃波で石造りの欄干が南側へ倒れ、川上の欄干は橋の上に、川下の欄干は川の中へ崩れ落ちた。

市内中央南部から鷹野橋経由で東へ逃れようとする被災者が、御幸橋を目指した。橋の手前、西詰めに、宇品警察署千田派出所がある。警察は、救護用の食用油を土中に埋め備蓄していた。西警察署六〇缶、東警察署四〇缶、宇品警察署二五缶。火傷の負傷者に処置するため、宇品二五缶のうち一〇缶を千田派出所に運び込んだ。そして負傷者の体に次々と、油を塗った。

この現場は中国新聞社のカメラマンによって、写真が撮影された。写真（本書一一五ページ）の背景は市の中心部から立ち昇る黒い煙と白い煙に覆われ、広範な火災がすぐにも御幸橋に迫り来る緊迫感を見る者に抱かせる。火傷の負傷者に中腰で油を塗る制服の警察官、その周囲を取り巻く女学生や中学生たち。この一団だけが立っていて、他は何人もが地面に尻をつけ立て膝で座り、あるいは寝転び、放心状態で生気がない。髪がけば立ち、鳥の巣のように見える。
カメラマンがこう回顧した。

被害者のほとんどは、衣服が裂けて裸同然。全身に火傷を負い、その火傷は赤紫色にふくれあがり、皮膚がつぶれて、リンゴの皮をむいたように全身から垂れ下がっていました。全員が裸足で、橋の両側は、重傷者がたくさん横になっていました。その多くはすでに亡くなっていたのでしょう、八月の熱いアスファルトの上に、火傷の裸のまま寝転んでいました。子どもたちが多かったですね。私立中や広島二中とか、女子高の生徒たちが大分いましたね。二人の警察官が、一斗罐をぶちぬいて、子どもたちの背中に食用油を塗ってやっていました。少しは火傷の痛みがやわらぐのでしょうか。[*8]

写真の中央で、赤ん坊を横抱きにした上半身裸の母親が、「起きてちょうだい、起きてちょうだい」[*9]と叫びながら駆け回っていた。

*8『ヒロシマはどう記録されたか』75ページ　*9同89ページ

2 皆実町――比治山地区

鶴見橋

御幸橋を東へ渡り、皆実町に入る。京橋川に沿って北東へ進むとほどなく、比治山橋が見えてくる。もう一つ北が鶴見橋になる。鶴見橋のすぐ西に、第六次建物疎開作業現場があった。そこを起点に現在の、幅員一〇〇メートルの平和大通りが西へ向かう。

被爆の朝、三三歳の主婦が建物疎開作業に地域義勇隊員として動員され、幅五・五メートル、長さ九六・六メートルの鶴見橋を渡った。爆心地の南東一・六キロになる。

橋を渡って三十メートルも歩いた頃、急に飛行機の爆音がひどく鮮かに聞えて来た。警報は解除になっているのに、敵機が頭上を飛んでいることの矛盾にも、私達は度々のことでもう慣れっこになっていた。(中略)

どこかで「あッ、落下傘だよ。落下傘が落ちて来る」

鶴見橋西詰めの平和大通り起点（中区鶴見町）

という声がした。私は思わずその人の指さす方を向いた。ちょうどその途端である。自分の向いていた方の空が、パアッと光った。（中略）

ああ、この手は——右手は第二関節から指の先までズルズルにむけて、その皮膚は無気味にたれ下っている。左手は手首から先、五本の指がやっぱり皮膚がむけてしまってズルズルになっている。

「しまった。火傷だっ」と魂の底からうめいた。自分では見ることのできない顔もこの通りだろう。さっき夢中で木片を払いのけたときに、火傷した顔も手も傷つけてしまったのだ。*1

義勇隊とともに、中等学校生や国民学校高等科の児童も多く動員された。鶴見橋と比治山橋の作業現場を合わせ、次の結末になった。

*白島国民学校　六七人全員死亡（『広島原爆戦災誌第四巻』35ページ）
*牛田国民学校　二六人中一六人死亡（『広島原爆戦災誌第四巻』35ページ）
*楠那国民学校　一四人中死亡〇（『広島原爆戦災誌第四巻』35ページ）
*第一国民学校　一五〇人中四六人死亡（『広島原爆戦災誌第四巻』36ページ）
*県立広島第一中学校　八〇人中死亡〇（『広島一中国泰寺高校百年史』495ページ）
*市立第一工業学校　一二人中一〇人死亡（『広島原爆投下時における避難の実態』93ページ）
*広陵中学校　四〇〇人中二二人死亡（『広島原爆投下時における避難の実態』93ページ）

＊広島女子商業学校　四九五人中二六五人死亡（『広島女子商学園60年史』103～104ジペー）

一二四四人のうち、四二六人が命を絶たれた。女学生が現場を記す。

橋のたもとでは、地下に大きな水槽の掘ってある中に、全身真赤に焼けただれた裸かの赤坊を頭上に支えたり、焼けただれた乳房を出して子供に与えつつ泣きわめく母親たちがいた。生徒たちは、その水槽の中で、首と両手を水面上に出して合掌し、しきりに父母を呼び、泣き叫んでいた。けれども誰も彼も皆傷をしていて、頼る人もなかった。人々の頭髪は白く縮れ上り、ほこりまみれで、まるでこの世の人間とは思えぬ有様であった。[＊2]

＊1『原爆体験記』朝日新聞社12～13ジペー　＊2『原爆の子』256ジペー

比治山公園

鶴見橋の東、電車通りの向かいに、比治山《ひじやま》がある。高さ七〇メートル、爆心地の東南東一・八キロから二・五キロに位置し、こんもりと広がる。人々は被爆前の、春の花見や秋の町内運動会を、なつかしく思い出す。

比治山には陸軍の高射砲陣地、防空壕、墓地などが築かれていた。墓地は現在も一部を保ち、日本陸軍が初めて戦った日清戦争における戦死将兵の墓石が、肩を寄せ合い並んでいる。

比治山に、負傷者たちが逃れてきた。船舶砲兵団司令部暗号班兵士が描写した。

ふらふらと倒れかかる身体を、やっと支えながら上ってくる人々の群れ、群れ、しかもその人々のなんという異様な形相。私はあまりのことに思わず身震いした。

ほとんどすべてが衣類を着けていない。裸だ。一糸もまとわぬ者、パンツだけといえばまだいいが、それも、ぼろぼろに焼けて、申しわけに腰の紐に幾すじかの布切れがぶら下がっているにすぎないのだ。それどころではない。髪はすっかり焼けとんで丸坊主、眉毛さえ無い。（中略）いったい、何千人くらいの人々だったろうか。もう木の陰、草の陰さえ無いのだ。水を打てば、じゅんと音をたてんばかりに焼けついた小石だらけの地面に、水蜜桃の皮をむいたような焼けただれた身体を、じかに横たえざるを得なかったこれらの人々の苦しさは、想像を絶するものがある。[*3]

負傷者の一人が、ふと、空を見上げた。「十数羽のはげ鷹が、死臭をかいだのであろうか、高く低く旋回している」。[*4]

*3 『あの日あの時』7〜8ページ

陸軍墓地標柱（比治山公園）

段原の軍用鉄道

比治山の東に、段原《だんばら》地区が広がる。その一つ、段原山崎町《やまさきちょう》に第一国民学校が建っていた。木造二階の二八教室は倒壊したものの、鉄筋コンクリートの平屋五教室が窓ガラスの破損にとどまり、火災の発生もなかった。負傷者たちが押し寄せた。

段原地区を、軍用鉄道宇品線が横切っている。国鉄広島駅を起点に、兵器支廠と被服支廠を経由して宇品駅へ至る。第一国民学校は、線路の向こう側にある。

何千何百という人が裸で宇品線の鉄道線路まで逃げて来て、力つきて、土手のように高くなっている線路を越せないまま倒れて、たくさん死んでおります。[*5]

＊4 『天よりの大いなる声』22ジペー

第一国民学校
（陸軍船舶司令部写真班撮影
広島原爆被災撮影者の会提供）

＊5 『広島原爆医療史』425ジペー

3 松原町——二葉の里

広島駅

被爆の日、朝の広島駅前の光景を次の一文が記す。

列車は、終着駅広島のホームにすべり込んだ。午前八時頃だったと思う。毎日の事ではあるが、市内電車への乗替えが行列で一苦労するので、ホームから客は駅前の乗場まで駆け足である。[*1]

駅前は、毎朝いつも混雑した。電車を待つ列の後ろが、駅の構内に入り込むほどだった。行列の横を、三七歳の主婦が背中に三歳の子を背負い、駅の小荷物預かり所へ向かっていた。

駅につくと丁度ラッシユ時で電車の前にたくさんの

広島駅（川本俊雄氏撮影 川本祥雄氏提供）

人の行列が出来てハンカチや手で真夏の強い太陽の光をさけていました。背中の泰子に（中略）「やっぱり広島は人がたくさんだねあの行列を見てごらん」といいながらチツキ（引用注・国鉄の小荷物輸送）の係の所へ行くしゅん間「パシッ」と光の中に投げ込まれた様ないくつもいくつものフラッシユを一ぺんに浴びた様な気がして「あっ」という間に気を失つてしまいました。どの位の時が立つたのかふと気がつくと私は五・六間（引用注・九ないし一一メートル）先の防空ごうの前に吹き飛ばされていました。まつくらな中から目に入つてくるものは人、人、人、皆んなこの世の者とは思えぬ（中略）人たちで一ぱいです。私はハツとして背中の子供をふりむいて見るとこれもまた同じに頭から顔から血で目も鼻も区別出来ぬ有様。思わず「泰つちゃん」と呼んで自分の手足を見るとこれまた血みどろではれ上つています。[*2]

広島駅は鉄筋コンクリートと木造併用の二階建て、爆心地の東北東一・九キロに位置する。斜め右正面から熱線と衝撃波を受けた。天井が落下し、構内にいた大勢の通勤客や旅客が下敷きになった。

列車発着のホームは屋根が飛び、支柱が折れ、あるいは無惨にねじ曲がった。列車の到着を待っていた客は、「二線路へだてた向い側ホームまで爆風で吹きとばされた[*3]」。

ほどなく、駅に近い猿猴橋一帯で炎が立ち始め、駅前に並ぶ旅館や商店を次々に襲った。「午前十一時ごろ、ついに局舎付属建物、本館へと劫火は燃え移って来た[*4]」。駅舎はコンクリートの外壁を残して、焼け果てた。

＊1『広島原爆戦災誌 第二巻』278〜279ページ
＊2『被爆体験 私の訴えたいこと 上』172〜173ページ
＊3『広島原爆戦災誌 第三巻』195ページ　＊4 同232ページ

大須賀町

広島駅の北西に、隣町の大須賀町がある。国鉄の鉄道管理部や鉄道病院が、ともに木造二階で建っていた。通りがかりの二五歳女性事務員が被爆した。

ちょうど大須賀の鉄道管理部横にさしかかったとき、突然、パッ！　と真白い光にくらくらっと眼がくらみ、あっ、爆弾だ！　と思った瞬間には、いきなり脳天を叩かれるような轟音と一緒に暗黒の中に投げ出された。同時に鼻から口からムッとする熱気と、布片の焼けるような異臭が呼吸を止めてしまうのではないかと思う程もうもうと入ってきた。（中略）

やがて次第にあたりが夜明け前のように明るくなったとき、眼にとび込んで来た光景は、いまのいままでを信じられない凄絶なものであった。（中略）

人々の騒ぎは次第に大きくなり、押しあいひしめきあいしている様は、左右に揺れながら地鳴りを伴っている地震のように思われた。うおん、うおんと奇体なこだまのような叫び声は、口々に、痛い、とか逃げたい、とか喚《わめ》いているらしかった。＊5

大須賀町のすぐ西を、神田川が流れている。火を逃れ、負傷者が川原を目指した。

川砂に首をつっこみ、並んだように大勢の人が死んでいた。火傷であか茶色に爛れた手脚が二、三度わずかに砂の上を泳いだが、もうそれだけで動かなくなった。

広い河原を埋めるほどに、負傷者が倒れ、死体が転がっていた。死体の殆どは俯伏せになり、あるいは横に身をまるめて死んでいた。

すぐ足許に、手は空を掴み、目をかっと見開き口をひきつらせた老人が、仰向けに死んでいる。[*6]

＊5『原爆体験記』朝日新聞社96～97ページ　＊6『炎のなかに』38ページ

東練兵場

大須賀町の東、広島駅の裏に、陸軍の広大な練兵場がある。東練兵場と呼び、旧式戦闘機の発着が可能だった。だがいつのころからか練兵場は、食糧増産の芋畑になっていた。

被爆の日、県立広島第二高等女学校一年生一〇〇人が草刈りに動員された。

炎天下のさつま芋畑で談笑しながら草取りを始めた時でした。（中略）

瞬間直撃と思い畝の間に両手で目と耳を押さえて身を伏せました。時間がどれくらいたったのか「お母ちゃん熱い」の声、見ると泣きながら走っている友の背中が燃えている。横にいる人は顔が煤けたようになって誰か分からない。さっきまで共に作業していた友達が、異様な姿で泣き叫んでいる。見ると私の腕も皮膚がベローッとむけて指先の方へよっている。モンペが焼けてぶら下がり、左足に火傷している。「何が起こったのか？」ただ恐ろしさに夢中で（中略）転びながら走ったのです。[*7]

広い練兵場に、猛火の市中から避難者が続々と逃げて来た。

それ等の人は、恐怖と不安の交錯した表情で、茫然と広島駅方面の燃えさかっている火炎を眺めていた。大半の人の衣服は焼けちぎれ、僅かに布端を身に纏っているに過ぎず、至るところに或いは火傷を負い、或いは傷をうけ、むごたらしくむくみ、皮は垂れ下がり、物凄い出血は埃にどす黒くなっている。めいめい打倒れたり、うつ伏したり、呻き声は地の底からわいて来るように不気味に響き、それはさながら（中略）阿鼻叫喚の巷から始まる一連の地獄絵であった。[*8]

＊7『生命ある限り』21～22ジペー　＊8『原爆体験記』朝日新聞社98～99ジペー

第二総軍司令部

東練兵場の北西に、標高一三四メートルの二葉山がある。その山裾の南から西に至る一帯を、二葉の里と呼ぶ。

ここを、第二総軍司令部が拠点にしていた。木造三階建て正面に皇軍の象徴である菊の紋章を飾り、米軍が日本本土に上陸の際、反撃の西日本指令塔になる予定だった。しかし被爆で建物が瞬時に倒壊し、火に襲われた。

　総軍の建物の屋根にも火が移り、烈風の吹くたびに五か所の火炎が一かたまりにもつれ、モウモウと燃え上がり、火の粉は飛び、凄じい音をたててドラム缶類爆発、松並木も炎の中に包まれ、松脂の臭を放って火龍の如く燃えた。[*9]

第二総軍は本土決戦を挑む前に、空中からの一発によって指令の拠点を失った。

＊9『広島原爆戦災誌 第二巻』212ページ

騎兵隊第五聯隊の碑
（同連隊跡に第二総軍司令部を設置）

4　白島地区

常葉橋

二葉の里の西を流れる神田川に、常葉《ときわ》橋が架かっている。常盤橋とも書く。幅五・五メートル、長さ一六〇メートル、爆心地の北東一・五キロに位置する。鉄筋コンクリート造りで崩壊はしなかったものの、川上の欄干が川に落ち、川下の欄干は橋の上に倒れ、路面のアスファルトが熱線で燃えた。

上流の至近に国鉄山陽本線神田川鉄橋があり、四九輌編成の下り貨物列車が被爆した。鉄橋の上に四〇度傾いて八輌が残り、他は落下のうえ石炭積載車輌の出火で無惨な姿に変わり果てた。

橋が二つとも渡れないため人々は、土手を降りて川原へ向かった。その一人、福屋百貨店七階から脱出の勤労動員女学生一五歳がこう描写した。

　河原には無残な姿の避難者が、たくさん集っていた。

　皮膚が大きくズルリとむげ、黒く汚れた素ッ裸の女学院の生徒たちや中学生たち、それに兵隊もたくさん逃げてきていた。兵隊はみな服がなく、革ベルトと靴だけという姿であった。

（中略）

私は、この河原に三日間もうずくまっていた。[*1]

三八歳の市役所職員も、妻子四人を連れ逃げて来た。

眼球が飛び出した妻を背負い、左手に幼児のかばねを抱き、右手に二児の手を引いて、素足で瓦れきを踏み、ガラスの破片を砕き、（中略）干潮の河原の砂の中（白島町神田橋下流二〇〇メートル《メートル》の河原）に命からがらの避難をした。脱出の苦悩に肉体も精神も極度に疲労したが、火あぶりの危機からだけはかろうじてのがれた。一望、数百の罹災民、（中略）すでに息絶えた母親の死も知らず、乳房を無心にしっかと握ったみどり児、幼児の死体を抱く狂った母、（中略）胸にせまって到底正視できない。[*2]

＊1『広島原爆戦災誌 第三巻』523ページ《ページ》
＊2『原爆体験記』広島市役所16ページ《ページ》

白島町一帯

常葉橋の西詰めに接して、白島地区がある。東白島町、西白島町、白島九軒町《くけんちょう》、白島東中町《ひがしなかまち》、白島中町、白島西中町、白島北町《きたまち》から成る。白島北町の一部を除き、各町とも全戸が焼け果てた。白島国民学校女性教師の手記に、地区内を通る負傷者たちの姿が描かれている。

太陽がガンガン照りつけるのと、火災の熱気で、地上は溶鉱炉のように、灼熱の地獄の様相を呈していた。その路上を直射熱光線にあてられたのであろう、一糸まとわぬ裸の行列が続いていた。光線を受けた片半面が焼けただれて、理科室の標本の体でも見るような人もいた。正面から焼かれて、顔全体がズルむけになり、その顔の皮がアゴや鼻先にぶら下っている人、そのアゴの下に、皮のたれ下った両手を幽霊のように重く垂らしている人、浴衣を肌脱ぎしたように、背中一面を焼かれて、その皮膚が腰のバンドから、シャツのようにブラリと下っている人。全身茶褐色にはれ上り、髪はつっ立ち泥とほこりにまみれてヨモギのようになった全裸の婦人など、この世の人とも思えない重傷者が、大本営方面から次々と出てくる。

　いずれも、アゴを幾分前に突出し、無性にカッと見開いた目は、死魚のように鈍く淀み、空間の一点に釘づけされて、まばたき一つしない。その頭や瞳は、前後左右に動かない。放心状態で、鋳型にはめられたように、同じ格好をしながら、延々と一列になって通りすぎて行く。腰のバンドにゴボウ劔の下っているのが兵隊なのだ。足にはいている軍靴と共に、唯一の見分けとなっている。（中略）

　目に見えぬ死神の手に操られているこれらの人の中には、発狂したのか、燃え盛る火の中へ急に走り込んで、倒れた己が生身を、火葬にふす者もいる。[*3]

＊3『広島原爆戦災誌 第四巻』141ページ

広島逓信局

東白島町と西白島町が並ぶ区域の南側は陸軍の駐屯地で、町名を基町と言う。その北東角、東白島町のすぐ南に、鉄筋コンクリート二階（一部三階）三〇病床の広島逓信病院が建ち、隣接して鉄筋コンクリート四階の広島逓信局が建っていた。逓信は、郵便、電話、電波、海運、航空などの業務を総称する。爆心地の北東一・三キロを少し越えた地点に位置し、衝撃波で窓や室内を破壊された。

逓信局のすぐ南に陸軍兵器部の煉瓦造り倉庫二棟があり、木造部分から炎が上がった。倉庫西の、木造二階建て陸軍幼年学校も燃え出した。そして広島逓信局が火に襲われた。

> 逓信局の窓から火が吹き出した。火の出る窓が一窓々々ふえて間もなく三階、二階、四階と拡がって、大きな火焔が横一文字に恐ろしい勢いで吹き出した。*4

内部をすべて焼き尽くされた。

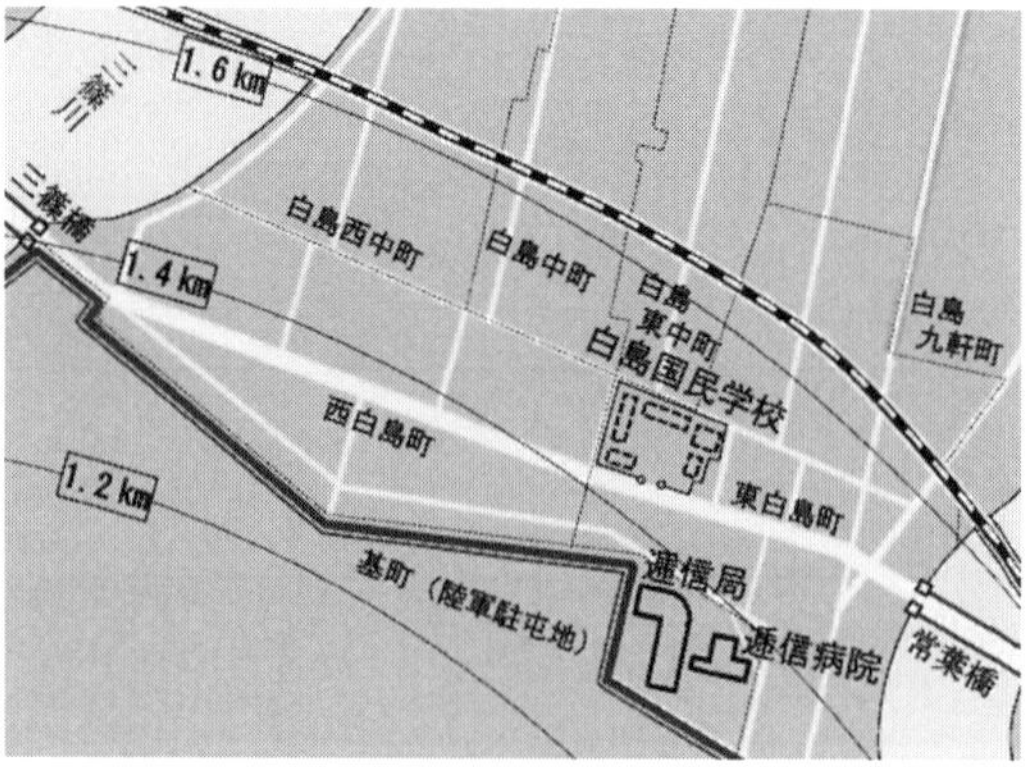

白島地区南部

三篠川東岸

白島西中町と西白島町の三篠川沿いを、長寿園《ちょうじゅえん》という地名で呼ぶ。その北の白島北町には中国軍管区工兵補充隊が駐屯し、白島国民学校を第二二四師団工兵隊が本拠にしていた。

＊4『ヒロシマ日記』7ページ

長寿園のあたりには、工兵隊の兵隊さんが、よけえ死んどってじゃった。川べりにみなころげ出て……やけどで、目玉が飛び出し、体じゅうが紫色にはれあがって、手の皮はぼろぼろ、手先の方に垂れさがっとった。みんな、二十《はたち》前後の若い人ばかりじゃった。軍服の背中の方が焼けとる。前だけ残っとって、あわれな姿じゃった。川の中にも、満ち潮の汐《しお》に寄せられて、兵隊さんがいっぱい死んどった。

川土手にゃ、まんだ生きた人もおられて「お母さん水をくれ、お母さん助けてくれ、水をくれ」いうて、皮のむげたぼろぼろの手をさしのべてくる人もおった。大芝（引用注・太田川西岸）の竹やぶには、仰向けになったり、伏さったりして何百人と死んどった。よけえの若いもんが死んで、そりゃひどいことじゃった。あのときのあわれさはよう忘れん。悪い戦争をしたもんじゃ。かわいそうで、涙が出て出て、やれなんだ（どうしようもなかった）よの。[*5]

＊5『原爆に夫を奪われて』138～139ページ

5 上流川町

白島線電車通り

常葉橋西詰めの南に、路面電車白島線の白島停留所がある。白島線は白島停留所を終点に南へ下り、泉邸《せんてい》前、京口門《きょうぐちもん》を経て、福屋百貨店正面の八丁堀停留所に至る。

原爆の炸裂後、比治山高等女学校生が逃げる途中で、泉邸前停留所一帯を目にした。

白島線の電車道に出て、私は息をのんだ。

真黒い電車が鉄骨だけの姿でとまっていた。電車の周辺には、中から這い出したらしい人達が半裸で倒れていた。昇降台にも折り重なっている。よろよろ歩いている人達の衣類も焼けちぎれ、身にまとっているものは殆ど無い。肩ひものちぎれたシュミーズを肌にやきつけ、髪をふりみだした若い女の人がふと立ち上がると、八丁堀の方へ歩きはじめた。十メートルも行かない中に崩れるように倒れそのまま動かなくなった。

目を遮ぎるものは何もなく、見えるかぎりの家屋は崩潰していた。黒く枝だけになった木が目に入る以外、一面が瓦礫の山であり、原っぱであった。瓦や梁の下から、呻き声や、「助けて！　助けて！」と叫びつづけるのを耳にしたが、その姿は見えなかった。[*1]

泉邸

白島線の停留所名にある泉邸は、広島藩主浅野長晟が別邸の庭園として造営した。泉水《せんすい》屋敷と呼び、泉邸を通称とし、縮景園《しゅっけいえん》との別称も併せ持つ。爆心地の北東一・三キロ、多くの負傷者と避難者が逃げ込んだ。

*1『炎のなかに』36〜37ページ

泉邸の中は大きな木が二つにも三つにも折れ重なり、からみ合った枝葉の中を、くぐり抜け、かきわけながら進んだ。足許や木の間のあちこちに、逃げる気力も尽きてか、俯伏せに倒れ、そのまま息絶えている人がたくさんいる。*2

押し寄せる人波は、切れ目なく続いた。泉邸の東を、神田川が流れている。人々は先を争い川の中へ入った。

対岸の河原までの川幅は四、五十米（引用注・米はメートル）。川堤の下には護岸用の捨石が約一米幅に施してあり、そこから沖は水深数米の渕となっている。避難者は続々とこの川堤や縮景園に押しかけていて、すでに護岸用の捨石の上まで人達で立錐の余地がない。その人達は膝頭まで水につかって対岸へ渡ろうとひしめいていた。*3

火傷の体で入水の負傷者は、ほとんどが絶命し水に浮いた。水死体が川を覆い、潮に流された。

＊2『炎のなかに』37ページ　＊3『後世に語りつぎたいこと 第2集』21ページ

広島中央放送局

泉邸の正面入口を起点に、道路が南へ向かう。その左右に上流川町の、民家が軒を連ねていた。そこに、広島中央放送局が鉄筋コンクリート二階（地下一階）の本館ならびに木造二階別棟で所在した。二つのスタジオと調整室を備え、「流川演奏所」と呼んだ。

ここを舞台に、被爆の瞬間を報じるラジオ放送がされた、との言い伝えがある。アナウンサー本人の手記を出典とし、その手記は先輩アナウンサーの著書に「原爆の日」という見出しで収録されている。広島原爆が主題の出版物多数において、この本も、あの本も、この小冊子も、さらにアメリカ人作家の著書でも、アナウンサーの手記が原爆炸裂の瞬間を伝える常用文章として転載され、読者の注目を集めてきた。アナウンサーはこう書いた。

　情報連絡室から合図の鐘をきいた。司令部から情報が入つたとき、私達アナウンサーに知らせるための鐘である。私は情報係へかけつけた。

八時十三分、中国軍管区情報、「敵大型三機、西條（西條は広島より東へ三十粁隔つた所）

上空を西進しつつあり、厳重な警戒を要す。」（引用注・粁はキロメートル）
私は廊下を歩きながらサーッと原稿に目を通し、スタジオに入るなりブザーを押した。
時に八時十五分「中国軍管区情報――敵大型三機、西條上空を――」
ここまで読んだとき、メリメリッ――という烈しい音とともに、鉄筋の建物がぐらっと傾く感じがし、フワァーッと体が宙に浮き上った。*4

この手記は、書き始めから結末に至る過程が時々刻々に進行し、そのうえ末尾の「体が宙に浮き上がった」との一文により局舎が今にも倒壊するかのような印象を伴って、劇的な読後感をもたらす。その展開が格別の脚光を浴び、多くの出版物に引用されてきた。局舎は内部を損傷し焼失したものの、倒壊はしなかった。

文中に、疑問が存在する。「八時十三分」は、アナウンサーが情報係から放送原稿を手渡された時刻なのか、それとも中国軍管区情報の発信時刻、つまり「八時十三分中国軍管区情報」なのか。八時一三分という時刻に関しては既述のように、広島城本丸の半地下式防空作戦室で比治山高女の生徒たちが受領した伝令「〇八一三 ヒロシマ ヤマグチ ケハ」がある。それは中国軍管区司令部による警戒警報発令時刻であり、アナウンサーの手記が言う敵機接近情報ではない。

しかも警報発令は比治山高女生徒が電話を掛け始めた直後の原爆炸裂により、通話が中断して、広島中央放送局を含むどこにも警報の内容が伝わらなかった。なのに同じ時間帯の敵機接近情報が広島中央放送局に届き、アナウンサーがその原稿を半分ほど読んだ、との展開が謎を伴う。

既述の、中国軍管区司令部作成「八・六廣島市被害状況」文章をもう一度、点検する。

「〇八〇六松永監視哨ハ敵大型二機西北進中ヲ發見　〇八〇九同哨ヨリ三機ト訂正　警戒警報ヲ發令セントスルヤ〇八一五爆撃ヲ受ク」

文中に、八時一三分はない。

一方で呉海軍鎮守府作成の、「昭和二十年九月　廣島市ニ於ケル原子爆彈ニ関スル調査（一般的調査）」報告書がある。その中の「敵機ト當日ノ事情」という見出しの記述において、まずは右記の中国軍管区司令部作成八月一三日付「八・六廣島市被害状況」文中から「〇八〇六」と「〇八〇九」を転記のうえ、引き続き呉海鎮守府受信の中野探照灯台発信電話通報をこう記録している。

「〇八一四中野探照燈臺西條方向ニ大型機爆音ヲ聴取ス　〇八一五西條上空B29進行方向西（十二糎双眼鏡内同一視野ニ二機ノミヲ認ム）」（引用注・糎はセンチ）[*5]

記載の地名はエノラ・ゲイ号の飛行と同じく東から西へ、松永―西条―中野―広島の並びになる。

探照灯台は陸軍の監視哨に相当する。

この記録の「西條上空B29進行方向西」が、前掲アナウンサーの手記「八時十三分、中国軍管区情報――敵大型三機、西條上空を西進しつつ」と重なる。ただし呉鎮守府記録は八時一三分でなく八時一五分、中国軍管区でなく呉鎮守府、三機でなく二機、になっている。

正確な放送を使命とし習性とするアナウンサーでありながら手記におけるこのような書き違いは、とりわけ戦時下の陸軍中国軍管区司令部と海軍呉鎮守府の混用は手記そのものに大きな疑問符がつき、信憑性が揺らぐ。
このアナウンサーは被爆の衝撃で「体が宙に浮き上がった」のち、隣接の調整室に目を向け、手記にこう書いた。

厚い硝子窓でしきられてスタジオにつづく調整室は、私のいるスタジオのすさまじい混乱をよそに、硝子もこわれず、まるで金魚鉢の中のように静かで、そのうえ、朝の光がうつすらと、ここだけに止まつていたような気がする。其処にいた技術員は、私が見たとき、何事もなかつたように器械にむかつていたが。
この技術員が二三日《（ママ）》も経たないうちに死亡した、これも不思議でならない。若しかするとこの光景は、混乱のなかのイリュージョン（引用注・幻影）かも知れない。*6

調整室には二人の技術職員がいて、一人が衝撃で失神した。だが二人とも、「死亡」どころか無傷だった。アナウンサーの手記が単行本の一部として発刊されたのは被爆七年後、この間アナウンサーは、死んだはずの同僚が生きていることに一度も気づかなかったのだろうか。
調整室で失神しなかった技術職員が、被爆瞬間の調整室を次のように書いている。

アナウンサーが〝警報〟と調整室に注意を促して、スタジオに飛び込み、ブザーを鳴らした。その時、北側の窓がしまって真っ暗になった途端、調整盤の上の部分にあった物がバラバラと落ちて来、局舎がぐらぐらと揺れた。もちろん、放送はこの時ストップしてしまった。

急いで北側の窓を開けてみたが、物すごい土ほこりで全然視界がきかない。*7

被爆の衝撃で「真っ暗」になった調整室は、アナウンサーの手記にある「朝の光がうっすらと、ここだけに止まっていたような」状況とまるで違う。

調整室技術職員の手記によると、アナウンサーがスタジオに駆け込みブザーを鳴らした時点で、原爆炸裂の衝撃を受け放送が停止した。一方、当のアナウンサーはスタジオでブザーを押したのち、被爆までの間に原稿を半分ほど読んだと言う。二つの手記に、大きな時間差がある。どちらが事実なのか。技術職員の手記が事実ならば、被爆直前のラジオ放送はアナウンサーの「幻影」、つまり手記の中での自作自演になる。

真偽不詳でありながら、多くの出版物がアナウンサーの手記を丸ごと転載してきた。その結果このアナウンサーは、被爆の瞬間を象徴する存在になった。一人の人物に光を当て祭り上げると、惨酷な原爆で命を絶たれたおびただしい死者たちの無念が忘れ去られてしまう。原文執筆の第一記録者はもとより、それを転載する第二記録者も、被爆を装飾してはならない。

惨酷は、このアナウンサーがいた局舎の玄関前でも起きた。玄関には毎朝、故障で聞こえなくなったラジオを修理してもらおうと、多くの市民がラジオを抱えて並んだ。ラジオは警報放送を聞くため欠かせない。当時のラジオは真空管を使用する方式なので、しばしば故障した。局舎の玄関が開くのを待ち、路上に列を作った。子供を抱き、あるいは背負う母親も何人かいた。

局舎は爆心地の東北東一キロをほんの少し越える場所にあり、ほぼ正面から熱線と衝撃波に襲われた。大きな建物など、遮るものは何もなかった。ラジオの修理を待つ焼け焦げの死体が転がり、瀕死の重傷者がうめいた。

地面に両の肘と膝をつき、幼いわが子を胸の下に抱いてうつ伏せ、包み隠すように死んでいる母親の姿があった。母子ともに黒焦げだった。母親の愛情が人々の胸を打ち、のちに多くの市民がその親子の姿を絵に描いた。絵の中の無名の親子が、原爆のむごさを誇張なしに伝え続けている。

＊4『マイクとともに』95ジペー　＊5『広島原爆戦災誌 第五巻』857ジペー
＊6『マイクとともに』97ジペー　＊7『日本放送史 上巻』613ジペー

6 八丁堀——相生橋東詰め

建物疎開作業

広島中央放送局がある上流川町の、西が鉄砲町、そのまた西に八丁堀が、南北に長い家並みを連ねていた。八丁堀の家並みを二分して、路面電車の白島線が通る。

被爆の日、白島線の東側で、建物疎開作業が実施された。動員対象の学校は、崇徳中学校だけだった。八丁堀の北区域を、一年生が割り当てられた。税務署、財務局、営林署が並んでいた。一方で南区域を、二年生が受け持った。地域義勇隊も加わる予定のところ、「その前に[*1]」原爆が炸裂した。

一年生三一四人中二四五人、二年生二〇〇人中一六二人、計四〇七人が命を奪われた。

*1 『崇徳学園百二十年史』294ページ

八丁堀停留所

被爆の朝、一四歳の女学校三年生が学友二人と連れ立ち、広島駅前の停留所から己斐行きの電車に乗った。勤労動員の工場が電力節約の公休日なので、貴重な休みを私的に過ごす。

警戒警報解除の直後と、出勤時と重なったこともあって、社内は超満員だった。私たち三人は電車の前の方（運転手の横）に立っていた。八丁堀福屋前にさしかかった瞬間、原爆一閃、青白く鋭い尖光を真正面から〝見た〟。

八丁堀の東 橋本町の焦土（松重美人氏撮影 中国新聞社所蔵）

車内は一瞬にして大混乱、阿鼻叫喚の地獄の底に、タタキつけられた。目の前は真暗となり、人々は重なりあって倒れ、意識不明となる。何分過ぎたか分らないけれど私は目があきそして目の前は血だらけの人、又、人間の皮膚や服がボロボロになってぶら下った人が、電車からひとときも早く出ようとしてひしめきあっていた。私も人の血と自分の血とで、身体中ねっとりとしていた。即死者をかきわけるようにしてやっと脱出。先程まで挺身学徒雄々しく、キリリと結んでいた髪は、バサバサに逆立ち、顔や体に、大火傷、切傷を負い、埃りと血に染まりながら三人は、手を取りあって電車道にそって逃げる。[*2]

八丁堀停留所は爆心地の東七〇〇メートル、電車二台が全壊全焼した。

＊2『被爆体験 私の訴えたいこと 上』253ページ

捕虜の米兵

八丁堀から西へ向かうと、紙屋町を経て猿楽町に至る。被爆の翌日、相生橋東詰め南、産業奨励館の北で、死体の米軍兵捕虜を多くの人が目に止めた。

紙屋町の方へ帰ろうと思い、相生橋を渡った所で外人の死骸がありました。針金で両手を後ろ手に縛られ、鉄柱に繋がれていました。大きい石や小さい石が山のように死体目掛けて投げられていました。棒や木切れもいっぱいあり叩いたのでしょう、みんなやり切れない気持ちをぶっつけたのでした。[*3]

次の手記も、同じ捕虜について書く。

原爆ドームのところ、電車通りの角に、人がむらがっている。なにかと思ってみにいったら、アメリカの若い兵隊が、くさりで後手にしばられ電柱につながれていました。みけんにとび口でやられた傷があり、そのときはもう死んでいました。そこへ孫を連れたおばあさんが通りかかり、「おお、この外道《げどう》が！われのためにこうなったんだ！」と、焼けた板きれで「この外道が」といいながら何度もたたきつけた。[*4]

怒りと憎しみが、石、棒、板切れを手にさせた。しかしそれらの行為で、しかも死者に対して、どれほど溜飲を下げることができただろうか。むなしさや無力感が、こみ上げてこなかったか。

おばあさんが吐き捨てた「外道」の最もふさわしい対象は、命令に従って日本へ攻撃に来た若い米兵でなく、惨忍な原爆の投下を決定し命じたアメリカの戦争指導者と、侵略欲をむき出しに開戦へ踏み切った日本の戦争指導者たちに他ならない。この捕虜殴打を一例として戦争は、末端の庶民の感情も歪めてしまった。

米軍は日本へ原爆を投下する候補地の選定条件として、広島市内には米兵の捕虜収容所がないと判断していた。だが原爆投下の九日前に、一六人が捕虜になる不測の事態発生は把握できなかった。

投下九日前の七月二八日、米軍が呉の軍港を空襲した。空母艦載機のべ九五〇機に加え、占領下の沖縄米軍基地からB29戦略爆撃機とB24中型爆撃機の計一一〇機が発進し、呉軍港に停泊の戦艦榛名、日向、伊勢、空母の天城、巡洋艦の青葉、利根、出雲、大淀を大破のうえ、着底あるいは転覆させた。日本海軍の艦船は航海に必要な燃料がないため、軍港に係留のまま本土決戦で大砲の機能のみを発揮することになっていた。しかし決戦の日を待たずこの日、先制攻撃された。

その空爆で米軍は日本海軍の反撃を受け、加えて帰任の飛行中を広島市内配備の陸軍高射砲部隊に狙われ、B24爆撃機二機と空母艦載機二〇機が被弾した。B24はB29よりも性能が劣り、飛行高度が高くなかった。被弾のB24一機は山口県玖珂《くが》郡伊陸《いかち》村（現・柳井市伊陸）に墜落し、直前に八人がパラシュートで脱出ののち、日本軍に身柄を拘束された。もう一機は広島県佐伯郡八幡村（現・広島市佐伯区美鈴が丘東）に墜落のうえ、三人が捕虜になった。一方で空母艦載機二〇機は、一七機が海中に沈み、残り三機の五人が捕らえられた。

計一六人のうち、一人が呉の海軍刑務所に収監となり、他の一五人は中国憲兵隊が連行した。憲兵隊はB24の機長一人と墜落地で日本人住民殺害の二人、合わせて三人を尋問のため東京へ送った。

残る一二人は相生橋東詰め北に接する基町の陸軍駐屯地内で、中国憲兵隊司令部、中国軍管区司令部、中国軍管区歩兵第一補充隊に分散留置された。爆心地からの距離は五〇〇メートルあるいは七〇〇メートルで、至近だった。なぜ存命中に人通りへ引き出され、衆目にさらされたのか、理由は定かでない。一二人は全員死亡した。

7 基町

戦力崩壊

福屋百貨店前の八丁堀から相生橋東詰めに至る電車通りの、北側を基町と言う。

広島城の旧外堀に沿って北、東、南の境界線を引き、西を三篠川沿いとする。町名で表示すれば、北が西白島町ならびに東白島町の南限、東が鉄砲町および八丁堀の町域西、南は八丁堀から紙屋町を経て猿楽町の相生橋東詰め、となる。

広大な敷地を陸軍が占有し、中国軍管区司令部をはじめ、歩兵、砲兵、工兵、輜重兵、通信の補充隊、幼年学校、兵器部、西練兵場、第一陸軍病院、第二陸軍病院、などがあった。

人員は将兵と軍属を合わせ、三万四八〇〇人いた。加えて広島市内には二葉の里の第二総軍司令

広島城旧外堀位置を示す標柱
(中区八丁堀電車通り北側)

＊3 『慰霊』79〜80ページ
＊4 『原子雲 第二集』23ページ

部三〇〇人、宇品町の船舶部隊五〇〇〇人ないし六〇〇〇人がいて、合算すると総数およそ四万人になる。その八七パーセントを基町が占め、しかも爆心地に最も近かった。

兵士の日常における服装について、歩兵第一補充隊幹部候補生の一人がこう記す。

> 昭和二十年も春ごろになると、いよいよ軍隊も物資欠乏したと見え、倉庫の中から、いろいろの古物が出てきた。（中略）
> 五月ごろになると、営内にてじゅばんなしの裸でよし、営内靴なしのハダシ通行よし、ということになった。（中略）服装にやかましい軍隊としては、ちょっと、想像もつかぬ事態であった。原子爆弾投下は八月盛夏である。多くの兵隊は上半身裸、靴なしで営内を通行していた。*1

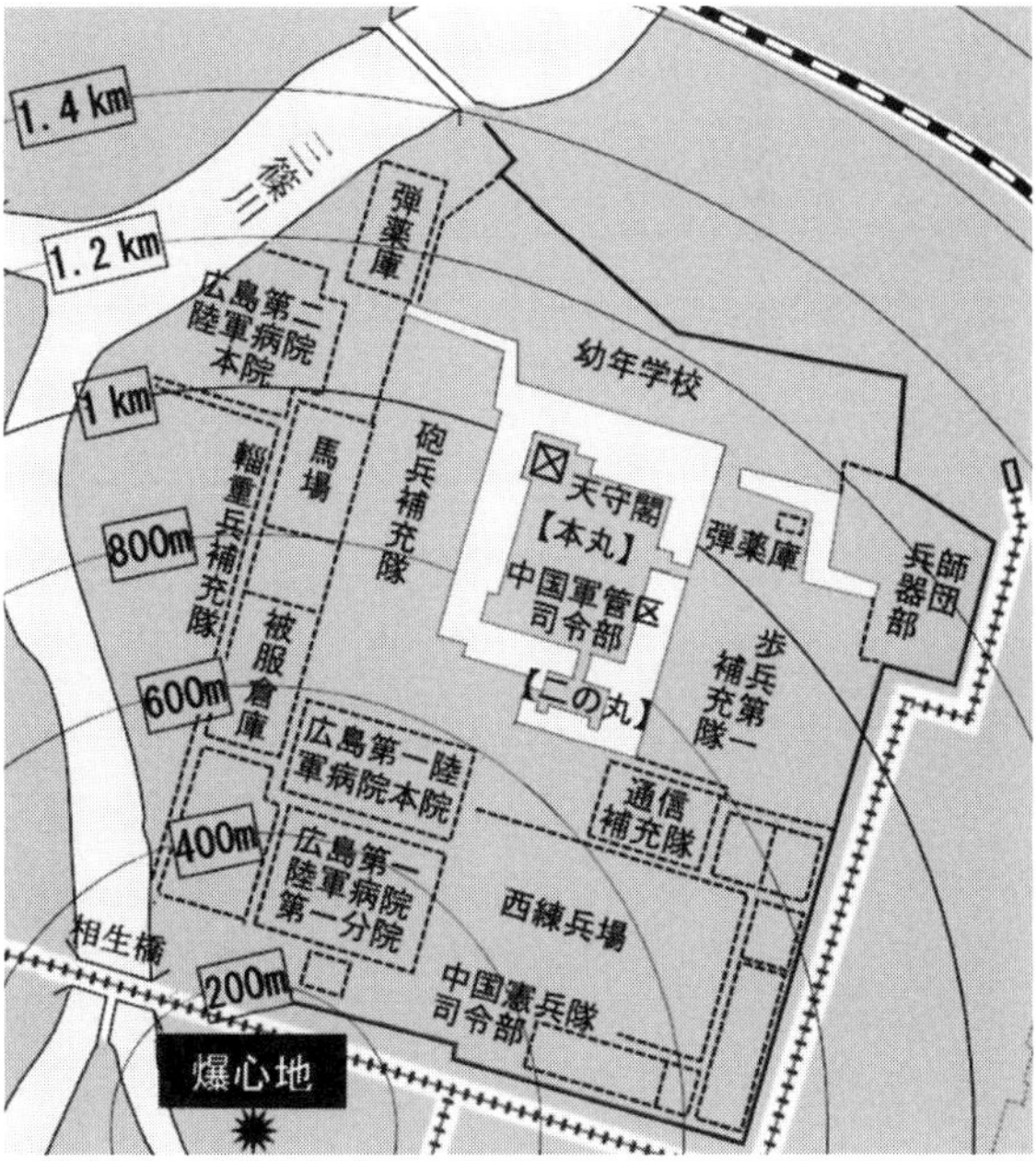

基町の陸軍配置図

そして熱線を浴びた。

被爆七日後の八月一三日、中国軍管区司令部は基町の被害を集計した。ただし調査対象人員は在籍三万四八〇〇人でなく、八六五〇人にとどまった。被爆の混乱で責任者不在の部隊が調査漏れになったまま、集計を急いだ様子が浮かぶ。ともあれ八六五〇人の内訳は、死亡五八五人と生死不明二七七七人の計三三六二人（三九パーセント）、負傷が二九七三人（三四パーセント）、健在が二三一五人（二七パーセント）、と記録[*2]されている。

この構成比にもとづき在籍総数三万四八〇〇人の内訳を単純比例の概数で算出すると、死亡と生死不明一万三六〇〇人、負傷一万一八〇〇人、健在九四〇〇人となる。官舎で絶命の司令官を含め、基町の陸軍戦力が崩壊した。兵舎もすべて灰になった。

*1『広島原爆戦災誌 第二巻』179～180ページ
*2『広島原爆戦災誌 第五巻』836ページ

幼年学校跡

基町の陸軍幼年学校（中学校一年または二年修了者、就学期間三年間）は生徒と教官がいち早く郡部へ疎開し、建物を第二二四師団司令部や中国軍管区教育隊が使用していた。疎開で、幼年学校生の安全を確保する。一方、民間の中等学校や国民学校高等科の生徒は、無防備の建物疎開作業に駆り出された。軍隊は、軍人と庶民に生死二分の格差をつける。

幼年学校跡には広い校庭があり、中国地方各県から召集の見習士官らを対象に、「『肉弾攻撃』などの新しい戦法を教え」[*3]ていた。小銃も手榴弾も著しく不足し歩兵全員が携行できないため、代わりに爆薬の入った木箱を背負い、蛸壺《たこつぼ》と呼ぶ手掘りの穴の中にひそみ、接近する敵戦車との間合いを計り、導火線に火をつけ、飛び出して突進し戦車に向け木箱を投げる。すでに日本軍は沖縄戦でこの戦法を用い、学徒隊などに突撃を命じ、そして惨敗した。

広島では訓練が被爆と重なり、熱線を浴びた。

＊3 『語り山口のヒロシマⅡ』106㌻

広島陸軍病院

基町には実戦部隊に加え、広島第一陸軍病院と広島第二陸軍病院があった。ともに郡部の国民学校複数を分院に選定して、疎開を進めている時、原爆を落とされた。

被爆時の第一陸軍病院本院は、西練兵場横の木造平屋に軍医二〇人、薬剤将校五人、主計将校七人、衛生将校一二人、下士官兵二五〇人、看護婦一二〇人、軍属一五〇人など計五六四人、入院患者三〇〇人がいた。配下の第一分院は疎開を終え、無人だった。

職員五六四人のうち、四七五人が死亡した。高熱で自宅療養中の衛生少尉が、基町に駆けつけた。

第一陸軍病院本部に到着したが、建物は焼けて全くなくなっており、各室の礎石の区画内には白骨が多数散乱していた。門衛所も同様で数人分の白骨のみが残り、立哨の位置にも一体分あった。（中略）

第一分院のトタン屋根は、恰もチリ紙を握り潰したような形で、西練兵場に散らばっていた。[*4]

一方の第二陸軍病院は、軍医一二人、薬剤および主計将校各二人、衛生将校四人、下士官一七〇人、看護婦八〇人など職員三三〇人、入院患者七五〇人、という規模だった。爆心地の北一・一キロ、「炊事場の煙突一本を残して」[*5]全壊のうえ全焼した。職員三三〇人のうち、二五七人が命を絶たれた。入院患者の死亡数は定かでない。

*4『広島原爆戦災誌 第一巻』396ジペー　*5同344ジペー

広島城本丸

第一陸軍病院から北へ向かうと、広島城の二の丸を経

壊滅の広島城本丸（黒い内堀内の右下角が天守台
米軍撮影 広島平和記念資料館提供）

て本丸に至る。本丸には、北西の角に五層の天守閣、中央に二階建ての旧大本営と旧昭憲皇太后御座所、南寄りに中国軍管区司令部の建物があった。それらは司令部一号庁舎中央部分の煉瓦造りを除き木造で、瞬時に倒壊した。

天守閣の崩落を、次の一文が記録する。

聳え立つ五層の天守閣の崩れ落ちるもの凄い音が聞えてきた。それはちょうど、山頂から無数の木材が、一度に転げ落ちて来るように、ドドドドー、ドドーと不気味に地面に響き伝わった。[*6]

天守台に無数の材木が積み重なり、廃墟と化した。

＊6『広島原爆戦災誌 第二巻』165ページ

竹槍訓練

中国軍管区司令部の半地下室で警報伝達を任務とする比治山高等女学校生たちは被爆の時、三班編成のうち勤務中の一班を除く二班が旧大本営前にある広場に集合し、竹槍の訓練中だった。

半地下室にいた生徒の一人が脱出後、倒壊の旧大本営へ駆けつけた。「下敷になっていた人は手に竹槍を固くにぎっていた。その姿は本当に痛々しかった[*7]」。

一方、訓練の出番を待つ控えの生徒たちは広場で、熱線に照射された。

もう誰彼の識別さえつかぬ一団となっていて、一様に着衣は縦に切りさいたようにぼろぼろになり、火傷のために表皮はむけ、手を前にゆうれいのようにかざしたその指の先から、めくれた皮膚がだらりとぶら下がっていた。真赤にただれたその体で、わずかに這い上がろうとしては倒れ、一歩進んでは転び、さながら地獄絵図をみる思いで手をさしのべようがなかった。[*8]

二つの班の生徒六四人が、日を経ずにあいつぎ死亡した。

竹槍訓練は、束ねた稲の藁で人形の頭と胴体を作って敵に見立て、竹槍を構えて突進し、心臓のあたりを「エイッ！」と突く。そんな訓練が、全国の津々浦々で繰り返し行なわれた。突進中に銃で反撃されることを恐れない。「鬼畜米英」「討チテシ止マム」の気概を高ぶらせていた比治山高女生たちの、姿が浮かぶ。あげくの被爆死と重傷で、訓練は終わった。

一年半前、毎日新聞が「竹槍では間にあはぬ　飛行機だ、海洋航空機だ」との記事を書いた。それを見て、首相、陸軍大臣、陸軍参謀長、軍需大臣の四役を兼任する東条英機が激怒し、同紙を差し押さえ、執筆記者を懲罰召集した。毎日新聞と東条英機の、どちらが冷静で理論的だったのか。

＊7『炎のなかに』24ページ　＊8同32～33ページ

荒城の月

天守閣や中国軍管区司令部などが倒壊した広島城本丸に、二の丸から火の手が迫った。そしてまたたく間に、倒壊の司令部木造庁舎や旧大本営が炎で包まれた。

焼け果てた広島城本丸に翌日の夜、比治山高女生三人が引率教師とともにたたずんだ。生徒の一人が会話を思い出す。

死の町に月がのぼり真上にあった。それは細い上弦の月であった。山中先生が「皆はあの月を何と見るか。」と言われた。私は「上弦の月ですか。」と尋ねた。みんなも口々に何か言った。最後に山中先生が「あれは荒城の月だよ。」と言われた時みんな一瞬しんとなった。昨日迄そびえていた五層の天守閣はもうそこにはない[*9]。

土井晩翠作詩、滝廉太郎作曲による「荒城の月」は、石垣が崩れた城跡を詠み、思いを深める。そして、起承転結の歌詞四番をこう綴る。

〽天上《てんじょう》影は替わらねど
栄枯は移る世の姿
写さんとてか今もなお
鳴呼《ああ》荒城のよわの月

かつて大本営が設置された広島の陸軍は、その威光と戦力を一閃の原爆で失った。日本陸軍の、落日でもあった。

＊9 『炎のなかに』31ページ

第五景 救護

広島第二陸軍病院救護所
(川原四儀氏撮影 広島平和記念資料館提供)

1　被災情報の発信

ラジオの声

既述のように上流川町の広島中央放送局流川演奏所は衝撃波に直撃され、放送不能になった。その状況のもとで、被爆後に広島発信のラジオ放送を聞いた、との証言がいくつもある。まずは爆心地から東南東七・五キロの、山陽本線海田市駅。改札係員の体験が聞き書きで記録されている。

敵機の爆音をきいた。直後、閃光を感受し、そばのホームに作られた防空壕にサッと飛びこんだ。壕の入口に坐って広島の方をみると、落下傘が二個、北の方へ落ちていくのがみられた。同時に、広島駅付近の上空にお碗のような白雲が昇っていた。

事務室に入っていくと、天井から煤が一面に落下していた。何気なく、ラジオにスイッチを入れると、泣くような声で、「大阪放送局、大阪放送局…こちら広島放送局……」と、大阪の放送局を必死に呼び出そうとしているアナウンサーの声を聞いた。[*1]

放送の内容は、大阪放送局の呼び出しだった。

証言の二人目は福山市に住む女性で、女学校一年生の時、爆心地から六〇キロ余り離れた双三郡三良坂町《みらさか》（現・広島県三次市）の自宅で放送を聞いた。三〇年後にＮＨＫへ宛て、手紙を書いた。

広島に原爆の落された日の放送でした。八月六日の八時半頃でしたでしょうか。突如として、美しい澄み切った声が入ってきたのです。

「こちらは広島中央放送局でございます。広島は空襲のため放送不能となりました。どうぞ大阪中央放送局、お願い致します。大阪、お願い致します。お願い致します。……」

この言葉が息も絶え絶えに、三十分も続けられたでしょうか。声はそのうちプツンと切れてしまいました。*2

時刻を「八時半頃」と書いている。八時一六分〇秒の原爆炸裂からほどなくの、時間になる。呼び出しは、「三十分も」続いた。

一方、この日の朝、広島市立中学校二年一組の生徒が広島市千田町の県立広島工業学校内にある呉海軍工廠造船実験部広島分室に勤労動員され、広島駅から芸備線の列車に乗った。海軍の機密書類を山中に秘匿するため、下深川《しもふかわ》駅へ向かう。爆心地からの距離は、北北東一二キロになる。

七時五七分に、広島駅を発車した。矢賀《やが》、戸坂、安芸矢口《やぐち》を経ると、次の玖村《くむら》駅までに二つの短いトンネルがある。最初のトンネルに入る手前で車窓に光が走り、通過時間一一秒のトンネル内で鈍い音が聞こえ、座席のない郵便車輛に立っていた生徒多数が前のめりになった。

下深川に到着、下車、広島からの書類を積んだトラックを、駅前の藤棚の下で待つ。そばの家のラジオが突然悲痛な声で「こちら広島放送局、甚大な被害を受け放送不能です。大阪放送局、連絡放送をお願いします」と繰り返し放送が聞こえてきました。それまで何の屈託もなく、トラックの来ないのを楽しんでいた級友一同に、動揺の騒ぎが起こりました。*3

駅前にたむろしていた生徒およそ五〇人のうち、四人がほぼ同じ内容でラジオの声を記憶し、手記に書き留めた。大阪放送局に「連絡放送」を依頼、あるいは「応援放送」を依頼、と生徒たちは聞いた。下深川駅の到着が「八時半頃」*4と書いた生徒がいるので、前記の、三良坂町の女学生と同じ時間帯になる。

別の聴者の手記もある。爆心地から一〇キロ南西の佐伯郡廿日市町（現・廿日市市）で、二五歳の工場給食調理員がラジオに聞き耳を立てた。

工場の炊事室でせっせと野菜を刻んでいた。一瞬光が走った。（中略）「広島がやられたらしい」と工場内の誰か叫ぶ。屋上に上ってあの黒い大きなきの子雲を見る。生き物の様に動きつゝ廿日市の我々に迄手をのばす様にもくもくとふくれ上って行く。（中略）ラジオ放送をきこうと隣りの室に行く、何かが聞えて来る、じっと耳をすます。細々とした声「広島の放送局でございます大阪の放送局へ申上げます。短波放送を願います。」（中略）今にも絶え入りさうな声　流川町の放送局も大変な事になっている事がわかる。*5

大阪放送局への依頼内容を、「短波放送」の発信と聞いた。

こうして、通常の番組とまったく違う他局呼び出しの声がラジオの電波に乗り、多くの聴者が耳にした。そのような音声の発信は、放送機能停止の流川演奏所から可能だったのか。

流川演奏所は非常事態が発生すると、直ちに近隣の放送局へ電話をし、速やかに打開を図る決まりになっていた。調整室技術職員の、作業記録がある。

調整室で、（中略）隣接局の大阪、小倉、松山、松江を呼んだが、連絡とれず。（中略）その後、負傷した田中現業課長や技術課の森川職員などが、調整室に集まり、電話で、隣接局を呼び出し続けたが応答なし、三〇分くらい努力したが連絡とれず。そのうち局舎と火災の危険が伴い、課長の指示で局外退避。原放送所へ。[*6]

「大阪を呼んだ」「三〇分くらい努力」、と記録されている。ラジオ聴者の記憶と重なる。

原放送所（現・NHK祇園ラジオ放送所）は、五キロ北北東の安佐郡祇園町字原（現・広島市安佐南区西原四丁目）にある。流川演奏所の調整室と地下ケーブルで直結され、調整室で制作の番組が原放送所の機器を経て電波に乗る。

流川演奏所を退避の職員は、「お昼前頃に数名が原放送所に到着[*7]」した。数名の中に右記の調整室技術職員と、その作業記録に名前がある技術課職員も含まれていた。技術課職員が自身の日記に、到着後を書いている。

放送所に無事到着す

直ちに中波及短波で大阪を呼ぶと共に大阪打合線で呼ぶ　幸ひ岡山より応答あり　早速大体の様子を連絡して　大阪より短波放送を依頼して各局に各種指令を出すと共に救護を乞ふ*8

「中波」は中波放送、「短波」は短波放送、「大阪打合線」は大阪以西の各局が局同士の打ち合わせに用いる電話回線で、複数の放送局とつながる仕組みになっていた。

この日記の「大阪より短波放送を依頼」が、給食調理員の「大阪の放送局へ申し上げます。短波放送を願います」との記憶と一致する。下深川で中学生が聴取の「連絡放送をお願いします」も、同じ内容とみなしうる。ただしこの時点における各局の呼び出しは原放送所に到着後、つまり午後なので、ラジオ聴者の記憶「午前八時半頃」とは大きなずれがある。

「午前八時半頃」の、流川演奏所調整室に戻る。既述のように、電話で「大阪を呼んだ」。その際、午後の原放送所からと同様に、短波放送の発信を求めた、と想定できる。この時、被爆の衝撃が原因で、もしくはこれまでの経年変化による劣化現象などを起因に、調整室内で束ねている電話回線とラジオ送信回線のケーブルに絶縁不良が生じ、電話の音声信号が送信回線へ混入して、電話の声が原放送所経由で電波に乗ったと仮定すれば、「午前八時半頃」「およそ三〇分」「大阪に短波放送発信依頼」の三要素によってラジオ聴者と流川演奏所とが結びつく。当時のケーブルはそれ自体に絶縁措置がされてなく、ケーブルの上からアルミ箔を巻く、という手法を一般的に用いていた。絶縁不良によって音声が他の回線へ混入した場合、音声の強度が減衰するため、海田市駅改札係員が聞いた「泣くような声」、女学生の「息も絶え絶えに」、給食調理員の「細々とした声」になったのではないか。

ただもう一つ、右の三要素とは別の、大きな問題がある。福山市の女性は、女学生の時の記憶を女性アナウンサーとする。前記引用の手紙で、NHKにこう問い合わせた。

私は何十年たっても、あの悲しい美しい声が忘れられません。私の胸の底で、傷みとなってくすぶり続けているのです。(中略)

あの女性アナの方は、御無事なのでしょうか。改めて、そのときの事情を聞かせていただけたら幸わせです。*9

女性の声と書く手記は、他にもある。

ラジオからかすかに、「広島放送局です。応答願います。広島放送局です。応答願います…」痛々しい声をふりしぼって二度、三度呼んでいた女の人の声が、間もなく消えて、あとはむなしい通信音だけが耳に入った。職場を離れず、任務に殉じた女性アナウンサーの、最後の連絡を願っての悲痛な叫びを聞いて、恐ろしい死の静寂のなかで、私は両手を合わせて祈らないではいられなかった。[10]

この筆者は女性で、爆心地から一〇キロ先にある佐伯郡廿日市町の自宅にいた。次の手記も、女性による。

青白い閃光と共にドカーンという炸裂音は三十㎞も離れた地点からとは思えない程近くに聞えました。（中略）

手がかりを求めラジオを入れてみました。ザァーザアというあの頃特有の雑音のかなたから、モシモーシ短波の放送をお願いしますとしきりにくり返す女性の悲壮な声、それはまさしく断末魔の叫びであったかと思います。[11]

被爆直後の流川演奏所調整室に集まり、他局との通話を試みた職員複数の中に、女性はいない。右の手記六人は爆心地から最短七・五キロ、最長六〇キロという遠い地域でラジオを聞いており、この時点でまだ広島市内の惨状を見る機会も聞く機会もなかった。後日に見聞や報道で克明に知り、記憶の中のラジオの声と重なった。その重なりを給食調理員の、前記引用手記の続きが明確に示す。手記を書いたのは、被爆三三年後だった。

晴れた暑い夏の日には耳底にきこえて来ます。

「広島の放送局でございます。大阪の放送局へ申し上げます短波放送を願います。」の悲しい声が。

火傷や怪我を負った体に夏の太陽はさんさんと容赦なく照ったであろう。日陰のない倒れた家屋の一隅で飲水の一滴もなく苦しみに耐えて大阪との交信に職場を死守せられたであろう。あの優しく凛々しいそうして悲しみに満ちた声。

声の主女性アナウンサー　きっと大阪との交信が終るや息絶えられたことと思います。[*12]

感傷と悲壮感の深さを、読み取れる。末尾の「息絶えられたことと思います」と同様に、NHK宛て手紙の発信者は「私の胸の底で傷みとなってくすぶり続けている」、さらに手記二編が「任務に殉じ」「断末魔の叫び」との表現で死を思い描いた。ラジオの声は回線の混入で弱々しく、女性の声と思える可能性があった。いつしか記憶の中でラジオの声は、女性の声としてよみがえった。悲壮と女性を重ね合わせる意識は、世間一般に広く存在する。海田市駅改札係員と、下深川駅前の中学生四人はともに、女性の声とは書いていない。「男性の声[*13]」と明記の体験記もある。

いずれにせよラジオの声は事実として、何人もの記憶に残った。そして、広島中央放送局員による電波発信への一途な努力が、ラジオの聴者に深い感銘をもたらした。併せて広島の惨状が、岡山放送局を通じ大阪に伝わった。

＊1『広島原爆戦災誌 第四巻』803ページ　＊2『幻の声』5ページ　＊3『被爆五十年を生きて』52ページ

＊4『千葉県原爆体験集 第三集』30ページ　＊5『被爆体験 私の訴えたいこと下』80ページ
＊6『NHK広島放送局六〇年史』74ページ　＊7『NHK原爆之碑完成記念 原爆被災誌』26ページ
＊8『中国新聞』二〇一三年八月五日朝刊17面　＊9『幻の声』6ページ　＊10『慟哭』5ページ
＊11『原爆回想記』3ページ　＊12『被爆体験 私の訴えたいこと下』81ページ
＊13『遺言「ノー・モア・ヒロシマ」』128ページ

同盟通信記事

広島に、同盟通信（現・共同通信および時事通信）の支社があった。上流川町の、中国新聞社の社屋を間借りし、業務の拠点にした。中国新聞社が空襲で被害を生じた場合は、広島中央放送局原放送所へ避難する、と決めていた。

被爆の日、広島中央放送局流川演奏所の職員数人に続き午後、同盟通信の記者二人が原放送所へ逃れて来た。二人は負傷で血だらけだった。少し遅れて編集部長が合流した。そして三人は原放送所の広場にアンテナを張り、各地との交信を試み続けた。放送所の屋内では、前記引用日記の流川演奏所技術課職員が大阪放送局を呼び出している最中だった。

同盟通信編集部長が、手記にこう書いている。

　このときである。私は「もしもし」という声を聞いた。
たしかに電話の声である。誰かがどこかの局を呼んでいる。奥の連絡室から、がちゃがちゃ

と電話器をたたく音がする。（中略）

技師が、電話器にしっかりとかじりついて、岡山放送局（引用注・正しくは大阪放送局）を呼びだしている。何だか聞えそうだという。岡山放送局を呼ぶこと二十分、やっとのことで通じた。だが、なかなか聞きとれそうもない、小さな声だという。[*14]

ようやく通じた岡山放送局との電話回線を編集部長が借り、同盟通信岡山支社への新聞原稿伝達を岡山放送局に依頼した。同意を得て、編集部長が自筆の原稿を読み上げた。原稿は、編集部長の右の手記に続けて記録されている。

「六日午前八時十六分ごろ、敵の大型機一機ないし二機、広島上空に飛来し、一発ないし二発の特殊爆弾（原子爆弾やも知れず）を投下した。これがため広島市は全焼し、死者およそ十七万の損害を受けた[*15]」

広島発信による、爆弾投下時刻を特定し被害の規模に言及する報道第一報となった。岡山放送局から同盟通信岡山支社を経て、東京本社へ送られた。だが、新聞記事にならなかった。

大本営は翌七日、午後三時三〇分に次の発表をした。

「一、昨八月六日廣島市は敵B29少數機の攻撃により相當の被害を生じたり　二、敵は右攻撃に新型爆弾を使用せるものの如きも詳細目下調査中なり[*16]」

その二時間前、アメリカのトルーマン大統領が公式の対外発表で、「原子爆弾」と言明していた。発表の正式な日時は七日の日本時間午後一時三〇分（現地時間七日午前〇時三〇分）、こう述べた。

「一六時間前、米国航空機一機が日本陸軍の重要基地である広島に爆弾一個を投下した。その爆弾は、TNT火薬二万トン以上の威力をもつものであった。それは、戦争史上これまでに使用された爆弾の中で最も大型である。（中略）それは原子爆弾である。宇宙に存在する基本的な力を利用したものである」[*17]

大本営はトルーマン声明を信用せず、原爆の存在を認めなかった。二日後、長崎に二発目を落された。広島に続いてまたも、おびただしい犠牲が無辜の民に集中した。

＊14『秘録大東亜戦争 原爆国内篇』278ジペー　＊15同279ジペー
＊16『朝日新聞 東京本社版』昭和二〇年八月八日１面
＊17『資料 マンハッタン計画』605ジペー

2 緊急措置

船舶司令部の即応

既述のように広島の陸軍は、中国軍管区司令部をはじめ基町の部隊が被爆で壊滅状態になった。実働可能は、宇品の船舶司令部だけだった。

第二総軍司令部との通信も途絶の状況で八月六日午前八時五〇分、船舶司令官は「敵機ノ爆撃ヲ受ケ各所ニ火災発生シ爆風ノ為被害相当アルモノヽ如シ」[*1]と判断のうえ、独自の緊急対処を決意した。「予ハ広島市ノ消火竝ニ救難ニ協力セントス」[*2]。原爆炸裂三四分後のことになる。すぐさま配下の各隊に対し、状況把握ならびに消火と被災者救助の開始を命じた。まずは海上防衛隊が消火艇で京橋川をさかのぼり、救難隊が負傷者収容に向け舟艇で京橋川へ向かった。

その後も伝令員が各方面から早い者順に、次々と左記の報告を持ち帰った。

午前九時三〇分、「元安川東岸地区ニ於テ一部火災発生」
午前一〇時〇分、「第二総軍司令部及其附近ノ被害相当大」
午前一〇時四〇分、「火災ハ逐次京橋川西岸ニ延焼シ死傷者続出」
午前一二時〇分、「比治山北側地区ノ火災ハ逐次拡大」
午後一時一〇分、「南大橋北側元安川東岸地区ノ火災ハ猶延焼中ニシテ死傷者相当ノ見込」[*3]

一方で午後二時ごろ第二総軍司令部は、中国地方総監府副総監から総監死去の通知を受けた。そのため第二総軍司令官が救援と復旧の総指揮を執ることになり、復旧に必要な警備の権限を船舶司令官に付与する、との決定をした。

広島警備担任司令官に任命された船舶司令官は午後四時四〇分、配下に命令を下し、市内の東部を教育船舶兵団、中部を船舶練習部、西部を野戦船舶本廠に割り当てた。主要道路における負傷者の保護、倒壊家屋や電線などの交通障害物除去、散乱の死体集積と焼却、流言飛語の排除、などに努める。

＊1『広島県立文書館紀要 第13号』223ジペー　＊2『同』224ジペー　＊3『同』239〜241ジペー

県行政の再開

水主町の木造二階建て広島県庁舎が倒壊のうえ全焼したことは、すでに述べた。移転候補の市役所、本川国民学校、商工経済会、福屋は内部焼失し、安芸高等女学校は倒壊で使えなかった。

それとは別に県防空本部は、比治山の多聞院《たもんいん》を第六の移転候補にしていた。多聞院の所在地は段原町、鶴見橋東詰め近くの比治山登り口にあたる。爆心地から一・八キロの多聞院は、本堂の屋根に大きな被害を生じた。

午後五時ごろ、県警察部長が負傷の体で多聞院に到着し、臨時の県防空本部を設置した。続いて中国地方総監府の副総監、出張先の福山から帰任の知事、さらに警察警備隊一個小隊が多聞院へ入り、およそ五〇人規模の防空本部態勢が整った。

さっそく警察部長は既定の罹災対処方針にもとづき、県内の各警察署長に対して、警察官、警防団、医療救護班の緊急派遣ならびに食糧支援を命じた。市域は電話も交通機関も停止したため、近郊の警察署まで伝令員を走らせ、そこから通話可能な警察電話を使い伝えた。医療救護班は警察署管内ごとに、医師や看護婦により計三三班を編成する。

この時点で広島市内在住の医療従事者は、被爆による死傷が医師二九八人のうち二七〇人（九〇パーセント）、歯科医師一五二人中一三二人（八六パーセント）、薬剤師一四〇人中一一二人（八〇パーセント）、看護婦一七八〇人中一六五四人（九三パーセント）に及び、深刻な事態に陥っていた。

防空業務従事令書の定めに縛られ、市外への疎開が認められなかったことによる。

そのような状況のもとで県警察部長の指令を受け、県内郡部の各地から、医療救護班が小規模ながらとり急ぎ広島市内へ駆けつけた。

夜、知事は広島中央放送局原放送所の無線電話を通じて内務省に対し、「全市罹災死傷者数万ノ見込　各官庁公共団体庁舎殆ド全焼若クハ全壊　残存庁員ハ知事以下元気旺盛敢闘中」[*4]と報告した。

＊4　『広島県史 原爆資料編』99ページ

仮県庁設置と救護所開設

被爆の翌七日午前五時、県防空本部を多聞院から市内中心部の東警察署へ移し、仮県庁と名づけた。東警察署は八丁堀の東、下柳町《しもやなぎちょう》にある鉄筋コンクリート三階建て地下一階の芸備銀行下柳町支店を使用していた。爆心地の東一・三キロ、周辺の各町は被爆で猛火に覆われた。そのため東警察署の建物が孤立し、内部類焼の危機に瀕した。署員およそ一〇人がバケツの水を全身にかぶりながら、懸命の消火を続けた結果、焼失を食い止めることができた。

その建物を仮の県庁とする。「一階は警察関係、二階と三階は内政部その他が陣取ってそれぞれ緊急用務に駆け出す者、走り込む者、混雑の中にも整然とした行動が続く」[*5]。市民には、市内の要所に貼紙をして知らせた。

仮県庁の設置と併せ、県の救護本部も東警察署内に設けた。そして救護所の開設を急ぎ、計一三か所を七日時点で決定した。しかし想定をはるかに超える負傷者が続々と押し寄せて対応できず、増設を重ね、市域外を含め救護所の総数が五三か所にのぼった。市役所、福屋、陸軍被服支廠、己斐国民学校など日差しと雨をしのげる建物はもとより、負傷者が多く集まっている御幸橋や天満橋、東練兵場、長寿園も救護所に指定した。被爆直後の混乱で救護所の定義があいまいなため、五三か所は実数値の一つに過ぎない。

知事諭告

七日、知事は県民に対し、次の諭告をした。

今次ノ災害ハ惨悪極マル空襲ニヨリ我国民戦意ノ破砕ヲ図ラントスル敵ノ暴略ニ基クモノナリ
広島県民諸君ヨ　被害ハ大ナリト雖モ之戦争ノ常ナリ　断ジテ怯ムコトナク救護復旧ノ措置ハ既ニ着々ト講ゼラレツツアリ　軍モ亦絶大ノ援助ヲ提供セラレツツアリ　速ニ各職場ニ復帰セ

＊5『広島県庁原爆被災誌』293ページ

ヨ　戦争ハ一日モ休止スルコトナシ　一般県民諸君モ亦暖カキ戦友愛ヲ以テ罹災者諸君ヲ労リ之ヲ鼓舞激励シ其速カナル戦列復帰ヲ図ラレ度
本次災害ニ際シ不幸ニシテ相当数ノ戦災死者ヲ出セリ　衷心ヨリ哀悼ノ意ヲ表シ　其ノ冥福ヲ祈ルト共ニ其ノ仇敵ニ酬ユル道ハ断乎驕敵ヲ撃砕スルニアルヲ銘記セヨ　我等ハアクマデモ最後ノ戦勝ヲ信ジ凡ユル艱苦ヲ克服シテ大皇戦ニ挺身セン*6

昭和二十年八月七日　　広島県知事　高野源進

この知事諭告は午前九時と一〇時と一一時に、広島中央放送局原放送所から広島地域番組として放送された。被爆後初の放送となる。広島市内に六〇枚の掲示もした。

未曾有の惨禍を受け、非戦闘員の老幼婦女子を無差別に殺傷されてなお、徹底抗戦を煽る。


*6『広島県史 原爆資料編』100～101ページ

母の愛

知事諭告の八月七日に、広島市外西南の国鉄山陽本線廿日市駅で、次の体験をした人がいる。

　原爆投下から二十四時間後、私は広島市域の西はずれ、高須町にあった帝人宿舎から新しい任地の山口県・岩国工場へ向かった。（中略）最寄りの山陽線己斐駅は不通。五日市駅まで行けば折り返し運転をしていると聞き、線路沿いを引っ越し荷物を一つかついで歩いた。なんだか焼き場のようなにおいと薄煙が一面に漂っていた。五日市駅に着くと、汽車は次の廿日市までしか来ないという。元気を出してもう一度、夏草に狭められた細い農道を進む。（中略）

小高いところに小さな駅舎があった。廿日市駅だった。

ちょうど一人見かけた駅員に、折り返しの汽車の来ることを確かめて、改札口からホームに入ろうとして、ぎょっとした。荒むしろの上に真っ黒の死体が置かれていた。荒むしろは真新しい。太陽のぎらぎら照るプラットホームには、延々とそんな荒むしろが並び、その一枚ごとに一体の死体が黒々と置かれていた。心臓も止まるかと思うほどの驚きであった。心を静めてよく見直す。百を超えるほどの死体は、全て上半身はただれ、崩れて、ウジ虫（引用注・蝿の幼虫）ばかり。そこに、ハエが黒い渦のように飛び、群がっている。死体の老若も性別もわからない。異臭もひどい。幾つかの死体の目が動いた。唇も動いた。思わず見直した。それは錯覚だった。目や唇の周りをウジ虫が動いていたのだ。私はぼう然としていた。

一体だけが、なぜか駅舎の日陰に離れて置かれていた。小柄で頭から肩あたりが焦げて黒々とし、亜鉛華軟膏（引用注・火傷薬）らしい白いまだらが点々としていた。左側を下に、むこう向きに横になった体の右手が突然上がった。確かに、ゆっくり上がっている。十五センチほども上がった。そして、止まり、やがて、のろのろと下りた——生きている。ウジ虫のせいではない。肩越しにのぞくと、下りた右腕の下に何やらあった。真っ黒に焦げた子どもだ。赤ん坊だった。乳のみ子を抱いた若い母親とわかった。その赤ん坊は生きていない。瀕死の母親が、左腕に抱くわが子に群がるハエを手で追い払っていたのだった。若い母親はいままさに事切れんとしながら、ハエを追ったのだ。これまでに何百回か何千回か、昼も夜も、この右手で、いとし子のハエを追い続けていたに違いない。[*7]

命が細りながらもわが子をいつくしみ続ける母親の愛情と、勇壮鼓舞の知事諭告。戦争の両極がくっきりと浮かぶ。

*7『手記 被爆者たちの40年』8〜10ページ

3 市内南部の救護活動

陸軍船舶練習部

京橋川東岸の南部に、宇品町がある。日中戦争以来、軍港として重要な役割を担ってきた。軍港の宇品は、陸軍船舶司令部（通称・暁部隊）の所在地でもあり、配下の建物がいくつも存在していた。そこへ負傷者が治療を求めて押し寄せ、あるいは運び込まれた。船舶練習部で、第十教育隊上等兵が負傷者の様子を描写した。

そこここにうずくまる異様な人達の姿に思わず目を見張った。煤を刷いたように黒く汚れた顔……ボーボーに振り乱した髪には黄色く見える位のほこりをかむり、ボロボロの衣類を身につけた素足の婦人……半分ちぎれたようなシャツを身にまとい、じっとうなだれたままの男……今にも何か叫ばんとするように口をあけ、カッと目をむき、我我の方に視線を向けている一婦人の表情にはたとえようのない恐怖を抱いていることがうかがわれる。（中略）ちょうど鋭利な刃物で切って無理にこじあけたかのように思われる大きく裂けたすざまじい火傷を負った人もある。長さ二、三十センチメートルにも達する位の火傷を手と言わず足と言わず、無数に受けているのだ。そこからは割れたザクロを連想させる赤黒い肉がのぞいている。折りしも負傷者を満載したトラックが入って来た。（中略）この人達も又、烈しい苦痛に顔をゆがめ、車から降ろされるや、たちまち崩れるようにその場にうずくまってしまった。*1

収容の負傷者数は、被爆当日で早くも六〇〇〇人にのぼった。船舶練習部の対応が、次の手記にある。

六日正午ごろから、傷ついた避難民が助けあいながら練習部に到着して、そのまま力つきて倒れ、部隊に収容される者が激増していった。軍人・軍属で動ける者は、軍医から火傷に塗布するチンク油・マーキロ・リバノールなどの医薬品の支給を受け、全員で負傷者の手当てにあたったが、負傷者の増加が著しく、とても間にあわない状況であった。

そこで多数の負傷者を一っ時も早く手当できるように、炊事用の蒸気釜にチンク油を融かして治療を進めたが、全身まっ白な雪男のようにチンク油を塗られ、人相も判別つかないような者も続出した。

八日には、練習部の講堂・教室などが負傷者で一杯になり、更に、市内各所の救護所などから次々と担架で運ばれて来ており、もはや収容不可能という状態に陥ったから、やむを得ず、似島検疫所へ負傷者を発動艇で運ぶ作業が続けられた。

収容所では、悲鳴をあげて苦しむ者、発狂して暴れる者、誰も知らぬまに静かになり死んでいる者など、悲惨な極限状況が繰り広げられていた。食事は準備されていたが、大部分の者は食欲なく、ただ水を欲しがった。

このような間に、死亡者が次第に増加し、営庭に積みあげられた屍体は、酷暑のさ中、激しい異臭を発した。日を追って屍体の数が増加し、焼却作業も連日多忙をきわめた。*2

被爆三日後の八月九日、広島警備司令官の命令により船舶練習部は、臨時陸軍野戦病院に指定された。

*1 『広島原爆戦災誌 第五巻』519～520ジペー
*2 『広島原爆戦災誌 第一巻』280ジペー

似島検疫所

船舶練習部の少し南に、宇品港がある。その四キロ先、爆心地からだと九キロ南の広島湾に、外周一六キロの安芸郡仁保《にほ》島村似島《にのしま》（現・広島市南区似島町）が浮かぶ。

似島は、検疫所の島として知られてきた。日清戦争にさかのぼり、開戦翌年の一八九五年、東海岸沿い北寄り（現・似島学園所在地）に検疫所が設置され、帰還兵の検疫と消毒、伝染病患者の隔離治療が始まった。一〇年を経て日露戦争では第二検疫所を東海岸の中ほど（現・広島平和養老館および広島市似島臨海少年自然の家所在地）に開設し、検疫処理能力の大幅な拡充をした。さらに第一次世界大戦を戦い、大戦終結後の二三年に第一検疫所を閉鎖、第二検疫所を似島陸軍検疫所と改称のうえ、日中戦争さ中の四〇年に馬匹《ばひつ》検疫所を陸軍検疫所の南（現・広島市立似島小学校および似島中学校所在地）に設けた。

だが太平洋戦争末期はどの戦場も全員戦死の負け戦ばかりとなり、帰還兵が大幅に減った。そのため似島検疫所は、閑散の日々が続いた。

そこへ広島に、原爆を落とされた。似島検疫所には、戦地傷病兵の治療と輸送を任務とする船舶衛生隊病院船第五三班の軍医一人、衛生下士官一人、衛生兵一〇人がいた。五〇〇〇人分の医薬品

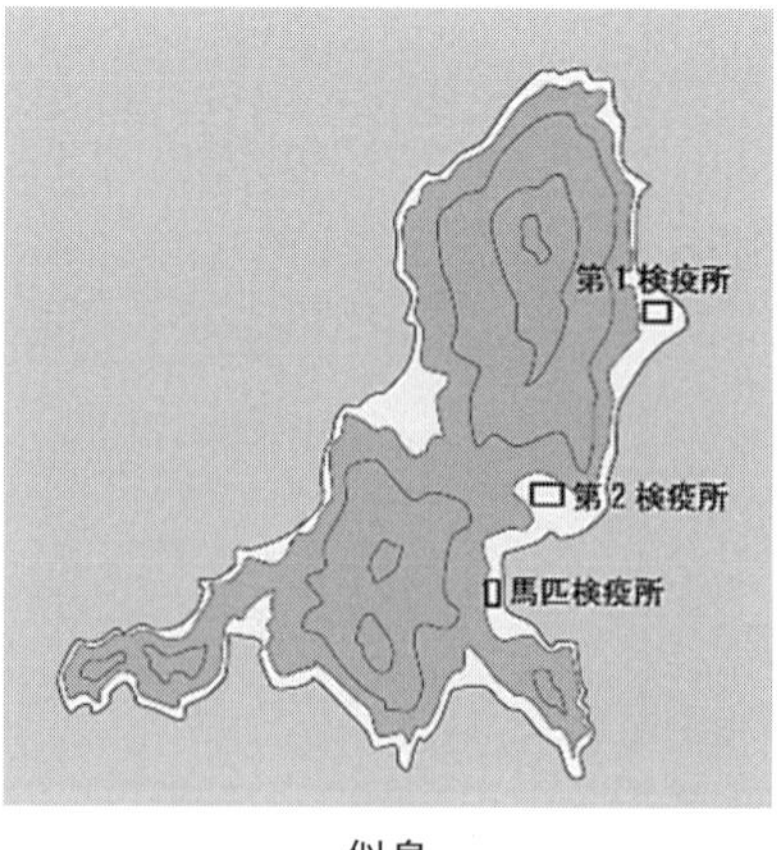

似島

もあった。病院船第五三班は船舶司令官の命令を受け、少人数ながら似島検疫所を臨時野戦病院とし、救護活動を起ち上げた。船舶練習部の各隊に、似島への負傷者輸送と救援が下命された。

　午前の訓練を終え昼食を済ませて休んでいたら、救援隊として似島への出動命令が下る。第一陣として百名の中に選ばれ、二隻の上陸用舟艇で似島の検疫所へ向かう。海上を見ると多くの船が慌しく宇品方面と似島の間を行き来していた。[*3]

　似島が一転して、繁忙の極みとなった。息を抜く間のない手術が続き、切断の手足を窓外の庭へ投げ捨てるうちに、「窓枠を超える高さにまで」[*4]積み重なった。保有の医薬品五〇〇〇人分は、被爆四日目の朝までに使い尽くした。そして似島は、重度の負傷者を収容するだけの場所に成り果てた。

　顔と両手足に火傷を負い、似島へ運び込まれた一九歳女子挺身隊員の、手記がある。

第１検疫所軍用桟橋（南区似島町）

第１検疫所感染物焼却炉煙突（南区似島町）

似之島の暁部隊（船舶兵団）の広間に着いてはじめて、こわれていないガラス戸を見た。私は、ガラス戸の前に立ってのぞきこむように見いった。うす暗いガラスに映った黒い影が、からだを動かせばそれにつれて動く。しかし、この黒い影が自分であるとは、どうしても思えない。口を少しあけてみた。前の銀歯が白く光っている。はじめて、この黒く映っている影が私であることがわかった。悲しいという意識さえもなかった。

ムシロの上にからだをよこたえて目をつむる。（中略）

つぎつぎと死んでいく死体は、丸太棒でも扱うように乱暴に処理されていった。私は目をつぶってだまっていた。声をだしてもどうにもならないと思った。このまま、母親にも会えないで、丸太棒のように焼かれていくのか。[*5]

死体は当初、野積みの火葬をした。しかし数が増え続けて処理しきれなくなり、兵士が大八車で海岸線に沿って南へ下り、馬匹検疫所の先にある浜辺まで運んだ。浜辺の近くに小高い丘があり、そこに横穴の防空壕がいくつも掘られていた。防空壕の奥から順に、何段にも重ねていった。似島で死亡の遺体に加え、宇品の陸軍船舶練習部から似島へ、死体そのものが運び込まれた。ロープで海上を曳航の死体も、人々の目に留まった。

防空壕に集積の死体は放置のまま日を経るにつれ、腐敗が進み、腐臭が壕内にこもった。兵士がこう書いた。

中に入る時は一、二、三と合図して息を止め小走りで中に入り、屍体を重ねるように投げて来るのですが、投げて出て来るまで息を止めきれず、入口の近くでとうとう息をします。外に出て四、五回深呼吸をして屍臭から逃れようとしますが、鼻の先にくっついてなかなかはなれません。（中略）

臭いのを通り越して頭が痛くなり、みんな手前の方に、ポトンポトンと置いて来るようになりました。たちまち入口の近くまで屍体になり、壕の中へ行けぬようになったので、（中略）将校が怒って死体の上を歩いて奥の方に詰めるよう命令しました。私も屍体の上を歩いて中に入りましたが、屍体の上であるのと担架を持っているのとでバランスが取りにくく、「クルンクルン」として転びそうでしたが、転んだら屍体に抱きつく格好になるので必死でした。[*6]

似島の収容者総数は八月六日の二〇〇〇人に始まり、二五日までの二〇日間で累計およそ一万人にのぼった。その大半が死んだ。「八月二五日には、患者を内陸の病院に移しました。その時には、生きていた患者は、約五〇〇名余りでした」。[*7]

横穴の防空壕に放置の遺体は戦後ほどなく、検疫所を管理する厚生省の職員によって遺骨が掘り出された。そして海岸に埋め、砂を盛り、「千人塚」と墨書の墓標を立て慰霊した。「千人」は、「おびただしい人数」を意味する。今は平和記念公園の原爆供養塔（本書一九七ページ写真）で、氏名未判明の遺骨七万体の一部として眠っている。

＊3 『語りびと』30～31ページ　＊4 『凍りついた夏の記憶』88ページ
＊5 『原爆ゆるすまじ』、11、13ページ
＊6 『紅の血は燃えて』383～384ページ　＊7 『似島』13ページ

4 市内東部および北部

被服支廠

比治山公園南の出汐町《でしおまち》に陸軍の被服支廠があり、広い敷地を占めていた。被服支廠は軍服や軍帽、軍靴などの製造と保管、供給をし、戦地から返送の血と泥にまみれた軍服を再縫製する。

一棟の長さ九四メートル、奥行三〇メートル、高さ一七メートルの煉瓦造り二階建て三棟が北から南へ向け一三番庫、一二番庫、一一番庫の呼称で直列に並び、南端で別の一棟一〇番庫が直交によるL字を描き、四棟が現在、被爆建物として保存されている。その東側には、木造二階の一番庫から

被服支廠跡（南区出汐２丁目）

九番庫が建っていた。

赤い煉瓦の大きな建物が、負傷者たちを引き寄せた。被服支廠所属の一七歳女子挺身隊員が記す。

たくさんの人がほこりまみれ、傷まみれでボロボロになって、うめき泣きながら避難して来ました。シャツが破れて手の皮がズルッとむけて指先に黒く下がっている人、皆髪の毛は逆さに立って、ほこりでまっ白です。苦しさにうめくだけでやっとです。（中略）間もなく支廠の門が開けられ倉庫が解放され、たくさんの人々が収容されました。[*1]

医師が記憶する。「最初の日にあそこで扱った患者が七千人だった[*2]」。前記女子挺身隊員は手記をこう続けた。

あちらこちらで叫ぶ「水、水を下さい」の声、我が子を探す声、苦しくて声もなく横たわっている人、子供達の泣き声、子供の消息をたのむ人、等。（中略）その声もだんだんと小さくなり、一夜明けると冷たい体に変わっていました。また一夜過ぎると、冷たい体がごろごろと横たわっているのです。裏手の畑では亡くなられた方々が、次々にだびにふされていました。[*3]

＊1『いつまでも絶えることなく』6ページ　＊2『広島原爆医療史』231ページ
＊3『いつまでも絶えることなく』6ページ

東練兵場

被爆の日、陸軍だけでなく呉の海軍も、独自に救護活動を始めた。海軍は国鉄山陽本線以北、主として東練兵場と国鉄横川駅一帯を受け持つ。鎮守府長官が海軍病院や海軍衛生学校に出動命令を下した。衛生学校は軍医と生徒五〇人がトラック三台に分乗し、海軍病院でおよそ一〇〇〇人分の医薬品を積み込み、午後一一時ごろ東練兵場に着いた。生徒の一人が記す。

想像に絶した多数の負傷者で、治療薬品、ならびに包帯材料は、七日の夜明けごろにはほとんど無くなった。（中略）
助けを呼ぶ負傷者は、われ先きにと足にすがりつく。すがった手の皮がズルリと剝げる。この多数の負傷者に五十人のわずかな衛生学校の部隊では、それらの中のごく一部の人だけにしか治療はできず、あちらこちらの虫の息の負傷者には、ほとんど手がまわらず、草原の中で、見殺しのような状態であった。[*4]

文中にある「草原の中で見殺しのような状態」を、女性の負傷者自身がこう書いている。

肉の腐敗し、ただれた臭気が息づまるほどで、倒れ転がっている無数の人の全身は、地べたをのたうって苦悶するので、炎天下泥の上を這いずり回ったみみずのように惨澹とした有様。

焼け焦げた松の裸木の間から、午後の灼熱の太陽が容赦なく泥まみれの人間の裸像を克明に照りつけていた。[*5]

*4 『広島原爆戦災誌 第一巻』315～316ページ
*5 『原爆体験記』朝日新聞社 101ページ

逓信病院

東練兵場から西へ向かい、神田川の常葉橋を渡ると、広島逓信病院が目に止まる。鉄筋コンクリート二階建ての逓信病院は一階に外来診察室や手術室があり、衝撃波で鉄製の窓枠が折れ曲がり、ガラスが吹き飛び、室内が荒れ果てた。二階は、内部を焼失した。かねてより米軍の空襲に備え、被爆の一か月前に二階入院患者全員を退院させていたので、患者の犠牲は生じなかった。一方で医師や看護婦など職員四八人のうち五人が死亡し、三二人が重傷を負った。吹き抜けの病室に入院の国民学校六年男児が高校三年生になり、手記を書いた。

毎日一人二人と死んでいくと、また新しい患者がはいり、それがまた死んでいった。夜になると病院の庭で、それらの死体を焼いていた。その死体を焼く臭いが風にのって、病室の中まで、におってきた。全くの焼け野原になってしまったのか、駅もまるでちかくなったように思われた。「ぼーう」と長く尾をひくような汽笛の音が、さびしく、そして真近に聞えてきて、それは亡くなった人々の魂が、昇天していく声のようにも思われた。*6

火葬の死体は火がついてしばらくすると、腹が押し上がり大きく弓なりに反る。この世に別れを告げる、最後の意思表示なのか。夜、闇の中に、燐の青白い光がいくつも浮かんだ。

*6『原爆の子』223〜224ページ

三篠信用組合

逓信病院から西へ向かい三篠橋を渡ると、横川地区に至る。

前述の加茂海軍衛生学校学生隊は東練兵場に加え、国鉄山陽本線横川駅前の三篠信用組合救護所も受け持った。爆心地から一・七キロの横川駅は木造で全焼、三篠信用組合は鉄筋コンクリート二階建ての外形だけを残していた。

駅前の被爆状況を、救援のため神石《じんせき》郡油木《ゆき》町（現・神石郡神石高原町油木）から被爆二日後に広島市入りした油木警察署の、二五歳巡査がこう綴った。

午前五時過ぎごろ国鉄横川駅前の電車終点に到着した。

そこには電車が二〜三両半焼しており、車内や軌道敷には性別不詳の黒焦げの死体が無造作に転がっていた。軌道には焼けた電線が垂れ下がり、また電柱の燃えさしなどもあった。わずかにその中央部だけが辛うじて歩ける程度の全くの獣道のようになっていた。それを一歩踏み外すと、そこは熱い灰であった。[7]

焼跡の三篠信用組合で学生隊は七日から九日にかけ、日におよそ一八〇〇人の救急治療を続けた。それらの患者とは別に建物内では、重傷者およそ一八〇人を収容していた。学生の手記がある。

ただ死を待つだけという重体患者が大部分で、コンクリートの土間にムシロ・コモ・古ゴザなどを敷いて寝かせてあり、屋外にまで溢れた。みんなみじめな姿で、パンツもはいていない丸裸に近い状態の人もあった。（中略）

何かの連絡で二階にあがった私は、一瞬、息を止めた。狭い部屋の土間に、死の寸前の負傷者が横たわっていた。その土間には、尿があちこちに流れ出ており、自分の尿も他人の尿も一緒に体について汚れている。十五、六人の負傷者は、強烈な臭気の糞尿の中で、身をくねらせて苦悶し、うめき声は悲痛をきわめていた。[8]

この学生隊に八月九日、「突如帰校命令が出た[9]」。この日、アメリカは長崎へ、史上二発目の原爆を投下した。一方でソ連（現・ロシア）が満州の国境を突破して、日本陸軍に戦火を放った。ソ連の対日参戦で日本は、ソ連の仲介によってアメリカと和平交渉を始めたい、との構想が砕かれた。呉の海軍は、広島への救護活動を打ち切った。右記の一四歳隊員が記す。「残された重症者たちは、どうなるのであろうかと、後髪を引かれる思いで、全隊員は横川駅から汽車で出発した[10]」。

＊7『原爆回想録』452ページ
＊8『広島原爆戦災誌 第一巻』325ページ　＊9同328ページ　＊10同328ページ

5 市域外

広島第一陸軍病院三入分院

爆心地から北北東およそ一七キロの一帯に安佐郡三入《みいり》村（現・広島市安佐北区三入）があり、三入国民学校（現・広島市立三入小学校）が存在した。広島第一陸軍病院が三入分院と名づけ、本院の軍人患者二〇〇人を疎開させ収容していた。そこへ被爆の夜、軍人と市民混在の負傷者が到着するようになった。三入へは、国鉄広島駅の一つ先にある矢賀駅から芸備線が運行している。

同校で、一九歳女性教師が救護に携わった。

「先生！　けが人を教室に入れます」宿直室の窓から声をかけられました。（中略）私は、宿直室から出て教員室の前までいき「アッ」とくぎ付けになり血の気がサーッと引いていきまし

た。（中略）

想像を絶する一瞬の熱線に焼かれた姿だったのです。皆、手は胸の所で、皮膚が手袋を裏返して脱ぎかけたようにぶら下がっております。衣服もありません。（中略）「六年生です」と言う女の子が独りぼっちで痛みに苦しみ、母を呼ぶ姿は、同学年を受け持っておりました私には堪え難いことでした。

窓の方へ背を向けていたという二十四、五歳のとても美しい女の人は、髪も顔も手足も体の前面も変わり無いのに、背中は全部皮膚がむけて赤い身が光っており、「痛い　痛い」と言いながら亡くなられました。

五十歳くらいのおばあさんは、急に、「お父さん、お父さん」と叫びだされて、見えぬ目で、皮膚の下がった手で探されます。救護活動に来ておられた近所のおじいさんが「どうした、ここにおるぞ」と言われますと、「お父さん、抱いて起してください」と叫ばれますので、「よしよし、抱いてやろう」と言いながら抱き起された時、「お父さん」と一声残して亡くなられました。皆、床に粗むしろを敷いただけの上で苦しみながら息絶えていきました。[*1]

＊1『いつまでも絶えることなく』34〜35ページ

広島第二陸軍病院三次国民学校収容所

右記の安佐郡三入村からさらに芸備線で北東を目指すと、双三郡三次町に着く。広島第二陸軍病院は県立三次中学校（現・県立三次高等学校）を三次分院とし、二一七人の軍人患者を疎開させていた。そして被爆当日、五三〇人余りが新たに加わった。

住民負傷者の三次町到着も、多くを数えた。そのため急遽、三次国民学校（現・三次市立三次小学校）と県立三次高等女学校（現・県立三次高等学校）を収容所にした。三次国民学校女性教師の手記がある。

北校舎には、負傷した兵隊さんが多勢おられた。（中略）広い講堂も何列も並べられた重傷者（引用注・一般住民）たちでいっぱいになっていた。

その夜も、B29が三次上空を旋回した。講堂の窓という窓に映写幕を張りめぐらせ、光が外に洩れるのを防いだ。空襲警報のサイレンが鳴ると、裸電球も一斉に消された。暗闇の中で、うめき声があちらからもこちらからも聞こえ、その痛ましさに、何とも言えない悲しみと怒りがこみあげてきた。*2

＊2 『失った日から』71〜72ページ

第六景
死別

原爆供養塔
（中区中島町１番地　平和記念公園内
地下室に身元不明の遺骨およそ７万体を納骨
氏名が判明するも遺族不明815体を含む）

1 夫と

義勇隊員の妻

安佐郡川内村は人口およそ二〇〇〇人、村長を隊長に、川内村国民義勇隊を結成していた。八月六日、隊は二班に分かれ、一班一九〇人が本川東岸にある中島新町の、建物疎開作業に動員された。そして、一九〇人のうち女性八六人を含む一七九人が死亡した。

帰宅しない夫に不安をつのらせ妻たちは、それぞれが一夜明けて七日から広島市内へ通い、夫を探し始めた。毎日欠かさず、一〇日以上にわたって探し歩いた妻もいる。

子供を背負うて六日間ぐらい死体のぞきをしたかのう。何千人というたくさんの死体をのぞいて歩いたんです。主人を見つけたい一心で、あの時は、こわくもなんともなかったけえ不思議よのう。七日目ごろ、元安川の死体はもうないで……ということなので、吉島界隈《よしじまかいわい》を歩き回った。電車の中の黒こげ死体も全部見ましたがの、主人はおりませなんだ。（中略）

どこかで生きておって、家に、もう戻っておるかも知れん……と十日目ごろから思うようになりましてのう。早《はよ》ういんで（帰って）みよう……。「お父さん、お父さん」と心の中で叫び続けながら、まだ日が高いのに、さがすのをやめて帰ったこともありました。家に主人はおり

ませなんだ。どっと崩れるように、玄関にへたり込んだこともあったですよのう。（中略）
　主人は戻ると信じて今日まで生きてきた。七十を過ぎるようになっても、今でも夜中に外で物音がすりゃ、戻ってきたかと、胸が騒ぎますで。「主人のことを忘れよ」といわれて、忘れられるものじゃなかった。原爆の落ちた日から影も形ものうなった主人のことを忘れよというのは酷じゃ。わたしゃ今でも、きのうのことのように思うとる。年をとると、余計はっきりしてくる。めめしい女《おな》ごじゃと思いんなさるなら笑《わろ》うてつかあさい。*1

*1『原爆に夫を奪われて』52～55ページ

川内国民義勇隊の碑
（中区中島町 本川東岸）

二八歳主婦
安芸郡府中町《ふちゅうちょう》に住む主婦も、夫を探し駆けずり回った。そして、再会の幸運を得た。
　何の手がかりもなく半ばあきらめていた時でした。人だまりの一団があるのを見つけ近寄っ

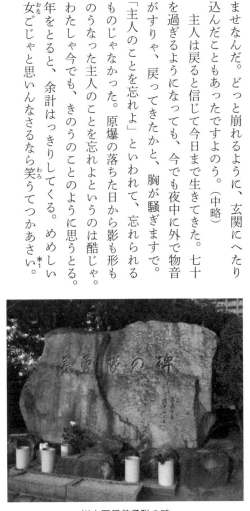

て見ました。そこには、四、五人の人が倒れており、周りを囲んだ消防団の人が、これは死んでいる、これは生きている、と死んだ人の死体をかたづけているのでした。（中略）父が「あれは確かに正義だ」と言うので、私はその人のそばに寄り、抱き起こして顔を見ました。目も口も焼けてはれ上がり人相等分かろうはずもありません。（中略）「早く名前を呼んでみろ」と、父の視線に促されて、大きな声で（中略）耳らしきところで呼びました。私の声がきこえたのか、彼は首をうんうんというように前にふりました。主人だったのです。

私は人前も忘れて泣きました。「お父ちゃん、お父ちゃん」と彼を抱いて泣きました。変わり果てた顔も恐ろしくはない。赤むげの体も気味悪く無い。人前も恥ずかしくない。ただ、ただ、生きていてくれたうれしさに大きな声で泣きました。（中略）

周りの人達の手を借り、彼を静かに車（引用注・大八車）の中に寝かせました。さっきまで落ち込んでいた気持ちはうそのように、私はいそいそと車の楫棒をかかえました。（中略）

夏の日ざしは暑く、ギラギラと照りつけ、主人はただれた膚が熱いのか、何か体にかけるように手まねで言います。私は着ているものを一枚二枚ととり主人にかけてやりました。下着一枚で車を引きました。恥かしくもありません。見る人も笑う人もおりません。みんな必死な気持でした。（中略）

家に帰り着いた時には、さすが長い夏の日もようやく傾きかけていました。（中略）

一息いれると、私は主人の体をまず清潔にと、新しいタオルに冷たい水を持って寝床に入りました。破れてボロボロになった下着をハサミで切り、皮か布か分からない下がっているボロ

もきれいにとりました。（中略）
体も拭き、腹が減ったと言うので、かねて用意してあった重湯を取りに、台所へ立ちました。まだ冷めきっていない重湯を吹き吹き帰って見ますと、枕から頭が落ちていました。ハッとして、大声で人を呼びながら「お父ちゃん、お父ちゃん。」と揺すって見ましたけど目を開けませんでした。死んだのです。二十八歳の私と三人の幼い子供を残して死んでしまったのです。[*2]

＊2『いつまでも絶えることなく』50～52ページ

2　わが子と

火葬

四六歳の父親が、日赤病院の門前で七歳の男児を葬送した。

死者を壕にいつまでも置くことは他人に迷惑と思い、病院の門の前で兵士が大勢の死者を焼いていたので、死んだ裸体を、誰かが捨てていった血みどろの丹前を拾ってこれに包み、門前に持って行って、少尉が指揮していたのでその人に焼いて下さい、と依頼すると、自分の住所、氏名、年齢を書き取り、兵隊に命令すると、ドラム罐から重油を出して子供の腹にかけたと思うと、兵隊二人で手と足を持って、火の燃えているところへ、三間（約六メートル）位手前から投げ込んだ。頭に火がついたのが見える。しかし動かないので正しく死んだものだと思った。我が子の最期の残酷さには断腸の思いがした。

明くる日、この付近、と思いその個所で骨を拾ってやった。*1

この世に二つとない親子の絆が、いとも簡単に絶ち切られた。

*1『原爆体験記』朝日新聞社216ジペー

人間枕

中島地区建物疎開作業に動員された広島県立広島工業学校一年生の、姉が綴る。

弟は小柄な子で、並ぶとクラスで前から二番目か三番目でした。その小さいのが、ゲートル（引用注・膝の下から足首にかけて巻く布製の帯）を一人前にまいていたのを思い出します。母と弟は、よくふざけて遊んでいました。母は弟をつかまえて、枕にしたりして、「人間枕は買うてもない」といっていました。（中略）

八月六日。原爆。次の日から私と母は、毎日まいにち、弟を探しに広島へ行きました。（中

略）

土手を降りて河原に行きました。水のあるところは、死体と材木が畳を敷いたように、並んで浮いていました。

水のないところでは、死体はうつぶせで、重なるように倒れていました。母は死体を一体ずつ、素手でひっくり返しては、弟を探しました。（中略）

素手の両手には、肉がこびりついて、にちゃにちゃしました。[*2]

各地の救護所も探し歩いた。そして被爆四日目、弟の動員作業現場に再び戻り、母がわが子の遺品を見つけた。手記が続く。

石垣のところに、学生服は畳んで積んでありました。弟の服がありました。服もカバンも無傷でした。母はその服を抱きしめると、地団太を踏みながら、大声で泣きました。その朝、母の作ったままの、中身の入ったべんとうもありました。[*3]

建物疎開作業現場で広島県立広島工業学校一年生は、一九二人全員が死亡した。

＊2『ああ麗しき太田川』77㌻　＊3同78㌻

3　母と

国民学校一年男児

国民学校一年男児が母を探し歩き、その記憶を中学一年生になり、こう綴った。

　あくる朝、もとの家のところに来てみた。ぼくをしんぱいしているお母さんが、きてはいないかなあと思って、ながいあいだたっていた。お母さんは見えなかった。

　舟入本町のところに、人の死にかけたものや、死んだ人がいた。その中に、ぼくのお母さんがいるのではないかしらと、一人一人顔をよく見てまわったが、お母さんは、いなかった。ずうっとあるいていると、明治橋に出た。そこには、死んだ人ばかりころがっていた。お母さんのすがたはなかった。

　川べりに出た。泣いてまっていたが、いつまでたってもお母さんはかえらなかった。川には死んだ人が、ぷかぷかういてながれていた。*1

*1　『原爆の子』112ページ

女性事務員

母と死別の女性が、心に広がるうつろを文字にした。

昭和二十年八月七日、夜も暗くなるのを待って、祖父と二人で死体となった母を雨戸の上に、母が生前特に好んで客用にと、大切にしまい込んでいた、大きな、バラの刺繍の入った色あざやかな布団を敷き、もの云わぬ、母の顔に、うっすらと化粧をほどこし、そっと乗せる。（中略）

その校庭（引用注・県立広島第二中学校校庭）には、既におびただしい程の死体が運び込まれ、腹わたも、ひっくりかえりそうな死臭を放っている。平素、野球場にも使用されている、広い校庭も死体の山。母の遺体を置いた場所は、その一番隅っこの方である。（中略）

生前、美人だと近所の人々から口にされていた母の顔は今、目をむき、口を大きくあいて何かを、にらみつけてでもいるような、悪鬼の形相に変わっている。肉親でありながら背筋に寒さをおぼえる。静かな夜の校庭、百鬼ただよう思いのする広場、幾百となく並べられた死体、はだけた母の胸元をかき合わせ、目に手をやり瞼をとじようとするが、既に硬直した身体、とても瞼をつむらせる事は出来ない。生まれて初めて口にする、心からの念仏、虚脱状態にある今、思考力もなく、寂しさを感じることもできない。*2

*2 『原爆被爆体験記』37～38ページ

4　弟妹と

一六歳女子

三歳下の妹を探す姉が、鶴見橋の建物疎開作業現場で遺品を見つけた。

鶴見橋の近くまで来ると、異様な臭いと共に、学徒動員らしき生徒達の死体が、見るも無惨な姿で並んでいた。（中略）

私は、妹を探しに丹念に一人ずつの顔を確かめ確かめ歩いた。しかし、どの顔もどの顔も妹でなかった。全部の顔を確かめ終った時、焼け残りの小さな布切れが、私の目にとびこんだ。

「あっ！　弘子のもんぺだ。

弘子のもんぺがここに！」

それは、小さな十センチほどの、かすりの布切れであった。拾いあげてみると、中には芯があり、明らかにウエストの部分だということがわかった。同時に、見なれたその柄は間違いもなく弘子の物であった。（中略）

弘子は、確かにここにいた。

私は、もう一度ていねいに一人ずつ探して歩いた。が、やはり、弘子はいなかった。*1

国民学校六年女児

戦後の新制高等学校に通う女子三年生は、国民学校六年の時の、三歳の弟を思い出す。

　近所のTさんのお婆さんが、石臼を借りにいらっしゃった。母は上石を抱えて縁側に出たま、お婆さんと話し込んでいた。私は座敷の柱によりかかって、三つになる弟に折り紙を折ってやっていた。弟は、私が朝煎ってやった豆を、茶碗の中からつまんで、ポツリポツリ食べていたが、お婆さんが縁側に腰をおかけになったのを見ると、立上って自分も縁側に出て、茶碗をさし出し、

「お婆ちゃん、喰べんちゃい。」

といった。その瞬間、あの爆弾は投下されたのであった。[*2]

＊1『いつまでも絶えることなく』82ページ

＊2『原爆の子』247〜248ページ

5　死体処理

寄せ集め

焼け焦げの建造物、住宅跡、路傍、防空壕、建物疎開作業現場、防火水槽の中、電車内、川原、川の流れ…、絶命の数はおびただしい。それらの死体処理と道路の整備は猛火がようやく鎮まった被爆翌日の八月七日から、陸軍船舶部隊によって本格化した。

市内中部を担当の船舶練習部は、紙屋町の住友銀行広島支店跡に警備司令部を置いた。市役所前の電車通りにおける作業を、第十教育隊上等兵が記す。

昨日に引続き道路整理にとりかかる。（中略）午後は附近の死体収容だ。到る所に横たわる悲惨な焼死体を次々と一ヶ所に集める。水道の水が流れて水溜りを作っている所には、いたいけなオカッパ頭の少女の死体が半分水にぬれながら横たわっている。直接熱線にあたらなかったのだろう比較的きれいだ。幼ない犠牲者を目にするたびに烈しい怒りを覚える。次々と片づけているうちに思わず慄然とするような死体にぶつかった。仰向に倒れている妊婦の腹が大きく裂けて、露出した大小の腸がそこら一面に散らばり、然もその先には胎児が転がっているのだ、何というむごたらしい死体だろう、思わず釘づけされたように、一同その場につっ立ったまま動こうともしない。[*1]

文中に、「水道の水が流れ」とある。浄水場からの給水は、断水せずに続けられていた。取水浄水場は爆心地の北北西二・七キロ、原爆の衝撃波で設備の一部が停止したものの、水道局職員が怪我の体で復旧を懸命に続け、被爆前の平常時送水量八万立方メートルのほぼ半分を被爆の夕刻に確保した。市中に敷設の水道管に破裂があり、噴き出す水に負傷者たちが群がった。そして、次々に死んだ。

散乱の死体は船舶兵らが道路の端に集め、大人の背丈ほどの高さに積み上げた。焼却を待つ。

紙屋町から南へ向かう電車通りに沿って中国配電本店が存在したことは、すでに述べた。その南隣りに、鉄筋コンクリート二階の市立浅野図書館が建っていた。館名の浅野は、旧藩主浅野家の私財投入ならびに蔵書寄贈を由来とする。内部焼失で七万冊の図書が灰になり、焼け焦げの建物が罹災者のためのおにぎり配給所として使われ、併せて、死体置き場になった。「死体から出たリンパ液が、ヌルヌルして歩きにくいほど床に流れていた[*2]」。

＊1『広島原爆戦災誌 第五巻』526〜527ページ　＊2『広島原爆戦災誌 第二巻』60ページ

焼却

集積の死体は、茶毘に付した。

紙屋町の電車通りを受け持つ海上挺身隊第五十戦隊は、「焼けトタンを利用して急造の担架を作り」「十四、五体ずつ一ヶ所に集め」「原爆中心地附近の夥しい屍体を何十ヶ所で焼いた。この作業を一週間続けた」。[*3]

紙屋町の西、元安川に出動の部隊は、「川の中に飛び込み、泳ぎ、足に綱を掛けて岸から引寄せる」「探して来た木を並べ、その上に死体を並べる。又、木を並べ又死体という具合に重ねて火葬するのであるが、火つきが悪いため宇品から船舶用の重油をもらって来てかけた」「一日約五十〜六十体位火葬した」「全員合掌し冥福を祈る」。[*4]

一方で、あたかも魚市場の魚を扱うかのような、手荒な処理が人目をはばからず続けられた。

横川駅前一帯の死体の取片づけが、本格的に行なわれはじめ、県下各地から出動した警防団員は、長柄の手カギ（トビグチ）を死体に打込み引っかけて、トラックに積みこんでいる。（中略）トラックは何回も往復して、練兵場らしい場所に運び集めて焼くということであった。[*5]

とび口を使用する死体収容は横川駅前だけでなく、あちこちで行なわれた。広島第一陸軍病院江波分院の記録がある。

一番多いときは百体以上も焼いたでしょうか。担架に乗せるにも、死体は被爆により一皮剥がれているのでヌルヌル。手で触る事が出来ないので、火消しの時使うトビグチで担架に転がしこみ、車に積みこみ、担架より降ろす時は一方を低くして転がし出すと言う作業で、人間の死体を取扱う状態ではありませんでした。多くの死体の始末であり、仕方のない事だったとは思いますが、この様に戦争で死ぬ事なく、家で死んだのであれば肉親の悲しみの中で手厚く葬られたであらうにと、戦争を憎み哀れさと悲しみで胸が一杯でした。*6

死体の焼却は、救護所に指定の国民学校でも行なった。己斐国民学校長が綴る。

　世羅郡甲山町の警防団三十名ばかりが手伝いに来てくれたので、思いきって火葬を計画し、下の運動場に幅二メートル、長さ二十五メートルの壕を七本掘ってもらった。これに学校給食用のまき一万束をならべ死体の搬出をはじめた。（中略）

　かぶせたわらの上から部隊（引用注・陸軍船舶部隊）が持って来てくれた石油をまいて一時に火をつけた。心の中でひとりでに「南無阿弥陀仏」をとなえる。僧侶もいない。形式もない。見送る家人もなければ親せきもない。こんなあわれな火葬があろうか。誰をうらみ、誰を憎んだらよいのだ。戦争の悲惨さをほんとうに思い知らされた。*7

＊3『広島原爆戦災誌 第五巻』451ページ　＊4 同515ページ
＊5『広島原爆戦災誌 第一巻』327～328ページ　＊6『広島長崎 原爆被爆体験記』282ページ
＊7『原爆体験記』広島市役所11～12ページ

蝿の大群

これまで引用した手記の中に、蝿に関する記述がある。山陽本線廿日市駅では駅舎の陰に横たわる瀕死の母親が蝿を追い、わが子をいとおしみ続けた。

蝿の雌は、一回に一〇〇個ないし一五〇個の卵を産む。卵は八時間から一二時間で「ウジ」と呼ぶ白い幼虫になる。耳の奥に群がり、火傷の傷を這い、かさぶたに潜り込み、人間の肉を噛む。その痛さに火傷患者は、ただ耐えるしかなかった。家族や看護の者が根気よく箸でつまみ出しても、すぐまた繁殖した。

一五歳の女学生が、己斐国民学校救護所での体験をこう書いている。

部屋の隅の方に、顔一面と前半身いっぱいに火傷を受けた人がいた。目と鼻と口のところだけ穴をあけたガーゼが顔一面にベタリとはられていたが、もう何日も取換えられた事はないらしく、ガーゼは血とうみで固まり、しかもくちびるの下には血うみだらけのガーゼとも肉片とも分らぬものが「べらり」とぶら下っていた。(中略)

ガーゼの交換に取り掛かったのだが、思い切って除いた古いガーゼの下に見たものゝすごさは、未だに忘れられないでいる。何とその顔はびっしりとうじ虫で覆われていた。その上、半ば空洞化した眼から、大きく成長したうじ虫が出たり入ったりしていたのである。(中略)沢山のうじ虫を取除いて薬を付け、真新しいガーゼを当てゝ上げたが「ありがとう」の言葉を残して、その少年は翌朝冷たくなっていた。*8

ウジはやがて成虫の蝿になり、飛び回る。

バラック（引用注・にわか造りの小屋）内で食事をするとき、その茶わんにまっ黒くなるほどむらがってきて、追えども追えども逃げず、口のなかへ食物と一緒にはいったりしたほどであった。

夜は、トタンの屋根裏一面に、すきまのないほど止まっていたから、ありあわせの紙を細長く巻いて火をつけ、これで焼きおとすと雨が降るように床に落ちた。掃きあつめると死がいが山をつくった。

外を歩く人の体には、必ず何百とも知れぬハエが、どこということなくさばりついていたし、ようやく走り出した電車の中でも、天井といわず窓といわず、つり革にまでも止まっていて人を刺した。*9

ウジと蝿が、原爆のむごさを撒き散らす。

*8『原爆体験記』全労働省労働組合56〜57ページ
*9『広島原爆戦災史 第二巻』142〜143ページ

第七景 辛酸

シダレヤナギの被爆樹と生育樹
（南区比治山本町20　鶴見橋東詰め）

1 終戦

ラジオ放送

八月一五日、広島逓信病院長の日記に次の一文がある。

局長（引用注・広島逓信局長）室へ集まれといってきた。重大放送だ。ラジオがあるという。私は早速局長室へ行った。大勢の従事員が部屋の中へ詰め込んでいる。（中略）雑音の多いラジオがなりだした。そのうち、何かいう声が聞えたり聞えなかったりする。*1

同じ時刻、中国新聞記者が上流川町の路上を歩いていた。

二キロメートルほど離れた広島駅の屋上あたりから、ラジオの声が響き、何万人もの白骨が埋まっている焼野原の上を流れてくる。

初めて耳にする澄んだ声と、アクセントである。

「……朕……なんじ臣民……朕が……体せよ……」*2

「朕」は天皇が自身に対して用いる呼称、「臣民」は天皇制国家の国民を意味する。

ラジオ放送は、天皇の肉声による戦争終結の詔書朗読だった（本書一四ページ掲載）。あらかじめ、レコードに録音しておいた。要旨、こう述べた。

「米国、英国、中国、ソ連によるポツダム宣言を受諾する、との通告を政府にさせた。戦争はすでに四年を経て、戦局は必ずしも好転せず、世界の大勢も日本に利がない。しかも敵は新たに残虐な爆弾を使用し、その惨害は計り知れない。堪え難きを堪え、忍び難きを忍び、万世のため太平を開くよう欲する」

満州事変に始まる一五年間の戦争が、ポツダム宣言受諾による無条件降伏でようやく終わった。

ポツダム宣言は既述のように、二〇日前の七月二六日に発表されていた。受諾を躊躇する間の、八月六日に広島、九日に長崎へ原爆を落とされた。同日、ソ連が満州の国境を突破し、対日参戦をした。そして広島一四万人、長崎七万人、満州の民間日本人一八万人、合わせて三九万人が命を失った。加えて日本の地方都市が空襲で、次々に焼け果てた。何を守るための、誰を擁護するための、躊躇の二〇日間だったのか。

ポツダム宣言は、降伏後の日本の国家形態、すなわち天皇による統治や天皇制の存続について、言及していなかった。日本の戦争指導者たちの憶測が、二〇日間の空費をもたらした。

＊1『ヒロシマ日記』105ページ　＊2『広島原爆戦災史 第三巻』453〜454ページ

呆然

逓信病院長の日記が続く。

降伏の一語は全市壊滅の大爆撃より遥かに大きなショックであった。考えれば考えるほど情けない。（中略）

夜になって皆己を忘れて、天皇陛下の御心中と御身上を案じた。私も心から、陛下がいとおしいと思った。私はこっそりバルコニーに上って遥かに東天を拝し、両陛下の御安泰を祈り奉り、暫らく黙禱を捧げた。*3

全市壊滅によるおびただしい死傷者を目の前にしながら、それよりも敗戦の方が幾倍も衝撃であり、そして天皇がこの先どうなるのかを案じた。大日本帝国憲法のもとで天皇に仕える官吏の、模範的な姿が描かれている。

天皇に命を捧げることが使命の軍人たちは、どんな実感を抱いたのか。賀茂郡原村の宿営地へ帰任する部隊が偶然、ラジオ放送を聞いた。兵士の一人がこう書いた。

八月十五日、広島駅に集合、列車を待っていた。その時突如玉音放送が流れた。初めて聞いた昭和天皇のお声である。悲惨な戦争は終った。兵士の顔から一斉に笑顔がもれ同時に故郷岡山の山野が眼の前に浮かんだ。*4

死の強制をたやすく受け入れる者は誰もいない。一方で上官の中には、生きていく支えを失って呆然とし、むやみに軍刀を振り回す者がいた。

＊3『ヒロシマ日記』107、109ページ　＊4『原爆許すまじ』45ページ

決断遅れへの批判

天皇は終戦詔書において、「戦陣に死し、職域に殉じ、非命に斃れた者、およびその遺族に思いをめぐらすと、わが身が引き裂かれる」と述べた。その心情ははたして、この戦争を一貫していたのだろうか。既述のように六か月前、天皇は重臣の近衛文麿から早期の戦争終結を進言された時、「もう一度、戦果を」と持論を語った。それが天皇の本心であり、以後、国民は犠牲増大にさらされた。「わが身が引き裂かれる」との言葉に備わるはずの、重みが伝わってこない。

被爆で顔と手を火傷し、背中一面にもガラスの破片が刺さり、救護所に伏す女性の手記がある。

十五日、終戦を私達はきいた。私達は当然のことに思い、むしろ遅きを悔んだ。手も足も出ない、たくさん腐った魚を並べたような、この凄惨な光景を一目みたならば、何人たりとも完全な敗北を感じるのみである。[＊5]

ある母親は比治山国民学校救護所からの帰り道、長男が引く大八車の上でつぶやいた。

「どうせ勝てんのなら、天皇さんも、もう十日早う手を挙げてくれりゃーよかったのに、意地張りんさるけぇ…」そして、ぽつりと言った。「どうして私らをこうひどいめにあわしてんかのう…」と。[*6]

この母は、被爆で倒壊し炎に包まれた自宅から下敷きの夫を助け出すことができなかった、との苦しみを胸中に抱いていた。そして自身も、天皇の放送一六日後に命が尽きた。

＊5『原爆体験記』朝日新聞社50ページ　＊6『県労被爆連の歩み』78ページ

やすらぎ

終戦の八月一五日夜、遠くの闇の中に小さな明かりが浮かんだ。

その夜の光景を私は今でも忘れない。それは陽が西の山に沈みあたりが暗くなると、広島の周辺主に己斐や、三滝や二葉山の山裾の民家に灯がともったことだ。それは何年も暗い夜ばかり見てきた私には久振りの平和の灯だった。焼け残った僅かの家からの光だったが、私は比治山の上から長い間感慨をこめてそれらの灯をジーとみていた。[*7]

灯火管制から解放された。空襲はもうない。

その夜、私たち親子三人、空襲警報の心配なしに眠った。ぐっすりと、本当のねむりを眠った。私にとっての〝平和〟とは、この時の感覚であり、今も、その感覚はしっかりと記憶されている。*8

庶民が求めるしあわせはささやかで、そして尊い。他国に戦争を仕掛け、勝ち、国力を富ます、との発想は次元をまったく異にする。

*7『あの日に』56ページ　*8『白い花』61ページ

2 戦争の暗い影

孤児たち

戦争は終わった。だが戦争の暗い影は、濃く残り続けた。

被爆の数日後、母親を探しに広島へ入った女性教師の手記に、次の一文がある。

屋根も無い所に、腰掛だけを並べた広島駅。一日中広島市内を歩いて、やっと掛けた腰掛。どこからともなく寄って来た子どもたち。五才から十才位までの男の子五・六人。何時櫛を入れたかわからぬような髪、よごれた顔、手足。好意的な顔をするとすり寄り、顔をすり寄せ、手をさわりながら物をねだる。子どもたちを、ここまで追いつめた者への怒りを感じた。[*1]

親に死なれた孤児たちは、物乞いを生きる術にした。子供に特有な無垢の心は、そこにない。一方で原爆投下の前に郡部へ集団疎開していた児童たちも、明暗の両極に二分された。国民学校三年女児が、中学三年生になって手記を書いた。

私たちと一緒にきておられた先生は、生徒の一人一人の家のことを、くわしく調べるために、広島まで出かけて行かれて、たいへん苦心なさいました。その先生の御苦心の結果、私達は自分の家のことを知ることができました。私の家では、父も母も妹も亡くなり、また家も焼けてしまって、お祖母さん一人が助かって、親類の家におられることを聞かされました。私は父母が亡くなったと聞かされた時には声も涙も出ませんでしたが、後から思い出したように涙がこぼれてきました。

それにつづいて私にとっては悲しいことがまた起りました。それは私達と一緒に生活してきたお友だちが、今日は一人明日は二人というように、毎日、父兄の人につれられて広島に帰っていかれることです。中でも一番悲しかったのは、私ととても仲の良かったお友だちと別れる時でした。（中略）その日からというものは、今までよりも一層悲しい、そして、さみしい日を送りました。

　それからもどんどんお友だちは帰って行かれました。だが私には誰もつれに来ては下さらない。一ヵ月たっても来て下さらなかった。[*2]

原爆による孤児の実数はおよそ六〇〇〇人ないし八〇〇〇人、との推定が戦後ほどない時点であった。数字が、原爆のむごさを冷淡に語る。

＊1『失った日から』78ページ　＊2『原爆の子』144～145ページ

傷の痕

戦後の高等学校で教鞭を執る男性教師は中学三年一四歳の時、勤労動員の軍需工場から再動員され、鶴見橋の建物疎開作業現場で被爆した。

　左顔面、両手背、両足膝に火傷し、口から頸部が大きく崩れ、膨れあがった口は開かず、首もまわらず、手足も動かすと痛む。両手を胸の上にのせ、膝を立てたまま仰向けに寝たきりの

日々がつづいた。（中略）

二カ月ばかりして傷口がふさぎ起きあがれるようになったが、火傷の跡が大きく盛りあがって顔から首にかけてケロイド状のひきつりができ、右耳殻はじくじく腐って落ちた。家の人たちは私に見せまいとして鏡という鏡をみんな隠してしまった。[*4]

痕が残り、元の姿に戻らない。被爆がまとわりつく日々の心理について、手記が続く。

苦しくてみじめだから、生き残ってよかった、という気持は毛頭ない。何ともやりきれない気持に、「わーっ」と狂気のように激しく叫び出したい衝動を覚えた。

それに原爆の閃光を浴びた瞬間すでに熱線で火傷していた体験は、たとえそれがガラスに光が当たって反射したりしたものであっても光るものことごとくにおびえさせた。時刻を告げるサイレンのうなりにも動悸を覚えた。[*5]

生涯にわたり、心痛が続く。

＊4『未来を語りつづけて』95〜96ジペー　＊5同96ジペー

3 原子爆弾症

外傷のない患者

戦争が終わったとはいえ広島では、おびただしい被爆者が負傷の身を横たえ、先の見えない暗い日々を過ごしていた。そのうえ新たな症状の、原子爆弾症（原爆症）が顕在化した。広島赤十字病院看護婦長の、被爆の日を回顧する談話がある。

患者が担架で運ばれて来るでしょう、そしてわたしたちは目に見える傷が重いと思って負傷者のほうを先生にお願いして、治療を受けさせるんですね。何も傷のない人はどうしてあげようもないのです。しかたがないからそうして寝て待っておられる患者には「後からしてあげますからね。」と言葉をかけるだけです。

今度そこへ行ってみればもうそのかたはいらっしゃらない。なくなって、どこかへ運ばれたんですね。ですから、そういう人たちが重症であったということはあとになってわかったことなんです。[*1]

火傷やガラス傷などの目立つ外傷がないのに、次から次に死んだ。放射線による臓器障害が進行していた。多量の放射線を浴びると骨髄の造血機能が衰え、造血機能の低下が内臓障害をもたらす。のちに「原子爆弾症」と名づけられたこの疾病は、脱力感や疲労感、高熱が初期の自覚症状になった。下痢が続き、血便が出始める。各救護所の医師たちは血便を、赤痢によるものと診断した。赤痢患者は隔離を必要とする。八月一七日に福屋百貨店の二階と三階を、臨時隔離病舎に充てた。

その後、病理解剖の結果、血便は内臓の毛細管出血が原因だと判明し、赤痢ではないと結論づけられた。患者の症状はほぼ共通していた。下痢と血便に続いて脱毛が起こり、吐血や歯茎の出血を伴い、体のあちこちに溢血斑点がいくつも出た。そして三八度から四〇度の高熱が続き、熱が下がらなければ死に至る。治療法は、まったく見当がつかなかった。

原爆の炸裂時に市内居住者でない健全な人でも、肉親を捜すため、あるいは救援や救護でたびたび市内へ入ることによって残留放射能に侵され、原爆症を発症して死に至った。

一方で、救護所の閉鎖が行政課題として浮上した。

＊1『広島原爆医療史』335ページ

救護所の縮小整理

被爆直後に五三か所を数えた救護所は、死者の激増や家族による入所者の引き取りなどで漸減をたどり、一〇月一日時点で一一か所になった。国民学校の授業再開も、救護所の減少につながった。この間の総収容者数は一〇万五九六二人、治療のみ二一万四八八人、計三一万六〇一〇人に及んだ。

一〇月一日時点で残存の一一救護所には、収容患者四七九人、通院患者一二四八人がいた。日赤病院や市内の医院などで治療継続の患者、および自宅闘病の患者は含まれていない。

これらの救護所は戦時災害保護法にもとづいて設置され、期間が二か月間と限定されていた。被爆の日から起算して、一〇月五日が期限となる。広島県は治療継続のため、国民医療法にもとづき五つの救護所と一つの診療所を日本医療団病院へ昇格させることにした。日本医療団広島県支部（支部長・広島県知事）が経営に当たる。患者の治療費は自己負担を原則とし、負担能力のない患者は市町村が保護することになった。

こうして、三篠病院（大芝国民学校内）、草津病院（草津国民学校内）、江波病院（江波国民学校内）、仁保病院（仁保国民学校内）、矢賀病院（矢賀国民学校内）、福島診療所（福島町）が発足した。

病院とはいえ施設は従来の国民学校救護所そのままで、治療も傷の消毒をする程度にとどまりこれまでと変わらなかった。国費による本格的な治療は、被爆一二年後の一九五七年四月一日に「原子爆弾被害者の医療等に関する法律（原爆医療法）」が施行に至るまで、なおざりにされた。

この間、原爆症の発症者が増加をたどり、被爆一年後の集計による一四万人という死者の総数が膨らんでいった。

第八景 問い

原爆死没者慰霊碑 碑文
(中区中島町1番地　平和記念公園内
死没者総数32万人の名簿を保存)

1 素朴な疑問

誰が

原爆の年に五歳の男児が小学校六年生になり、手記を書いた。被爆後に田舎で家族と避難生活を六か月過ごしたのち、焦土の広島へ戻った時の様子を記す。

広島に帰ったときは、まだやけ野原で、トタンでつくったバラックが、ところどころに立っているだけでした。だれがこんなにしたのだろうか。僕はまだ小さかったので、そんなことはしりませんでした。おにいさんやお姉さんの友だちを死なせたのは、だれだろうか。岡本君は、お父さんがいるときはよい子供だったのに、お父さんがいなくなってからは、あんなにわるい子供になりました。ぼくは、ほんとにくやしくてたまりません。[*1]

*1 『原爆の子』104ページ

なんのために

中学二年の女生徒は、こう綴った。

まだ一日も忘れたことのない二十年八月六日の原子爆弾。それは私にとってたった一人の大切な父をうばいとったのです。今思い出してもぞっとするあの戦争。

私はやっと九つだった。早く親に別れるほど不幸なものはない。母は十二歳の姉を頭に、私、五つになる弟。そしてもう二ヵ月すれば、妹が生れるところだった。（中略）

なんのために戦争をしたのだろう。

「東洋平和のためならば何で命がおしかろう……」

と歌った私たちだった。多くの人間をころしながら、平和のため平和のために戦争をすると言いながら、どこが平和になったのだろう。＊2

文中の「東洋平和のためならば…」は、軍歌「露営の歌」（藪内喜一郎作詞、古関裕而作曲）の歌詞五番にある。「勝ってくるぞと勇ましく　誓って故郷《くに》を出たからは…」との歌い出しで、出征兵士の隊列を盛大に見送った。その歌詩五番を、「東洋平和のためならば、なんの命が惜しかろう」と結ぶ。だが、日の丸の小旗を打ち振られ戦場へ旅立つ兵士たちの顔に、晴れがましさはなかった。

戦争の本質は殺戮と破壊であり、「東洋平和」の名のもとに日本は、中国など他国の人々に多大な犠牲を平然と強いてきた。

＊2『原爆の子』133～134ページ

歴史検証の責務

右に引用の「誰が」と、「なんのために」の問いに、当時の大人たちはきちんと答えたのだろうか。さらに、現在の社会を支えている世代にも問いが向けられている。

平和記念公園の中央に原爆死没者慰霊碑が設置され（本書二二九ジペー写真）、碑文をこう記す。

「安らかに眠って下さい　過ちは　繰返しませぬから」

この誓いを守るには、歴史のていねいな振り返りを伴わなければならない。歴史の検証は今を生きる者が後世に対して負う責務であり、そしてその真摯な行為がすなわち、死者に対する心からの弔いになる。

2 天皇制国家

神の国

戦争へ一直線に突き進んだ昭和初期の時代は、どんな世の中だったのか。広島被爆の当日朝、広島市役所の一場面を次の手記に見る。

八時、朝礼が中庭で形どおりにはじまる。戦火は本土に決戦として迫り、精神が緊張してい

るためか暑さを感ずることはない。太陽を浴びて、森下助役だったか誰だったか、一席の訓示を整列して聞いた。そして例によって

「大日本帝国は神国なり。天皇陛下は現人神なり。忠誠勇武の臣はわれらなり。……」

と斉唱。終ってバラバラに各自は自分のデスクにむかった。[*1]

斉唱の詞「大日本帝國ハ神國ナリ　天皇陛下ハ現人神ナリ　吾ハ神國日本ノ臣民ナリ　忠誠勇武ノ臣ハ吾等ナリ　誓ツテ勵精職務ヲ奉公ス」を、「廣島市職員ノ信念」と称した。

安芸郡温品《ぬくしな》村（現・広島市東区温品）の温品国民学校（現・広島市立温品小学校）では戦時中、校長直筆による誓詞「皇國民の信念」を六年生の教室正面に掲げていた。

皇國民の信念
大日本は神國なり。
天皇陛下は現人神なり。
我等は大日本帝國臣民なり。
我等は天皇陛下の御為に生れ。
我等は天皇陛下の御為に働き。
我等は天皇陛下の御為に死す。

朝礼の斉唱にも誓詞にも、「神国なり」とある。天照大神《あまてらすおおみかみ》を、皇室の祖神（神としての祖先）とする。その孫の瓊瓊杵尊《ににぎのみこと》という神が九州の高千穂の峰に天から降りて立ち、天皇の系譜が始まる。やがて神は人間になり、地上を支配し、瓊瓊杵尊の子孫の神武《じんむ》天皇を最初に即位した天皇とみなす。天皇を、「現人神《あらひとがみ》＝人間の姿をした神」と呼び、崇めた。

西暦七二〇年に上梓の書物『日本書紀』は、神武天皇の即位を『日本書紀』完成の一三八〇年前、紀元前六六〇年としている。縄文時代にあたる。その時代に、いくつもの集落を束ねる国家の形態は存在していなかった。しかも記録が皆無の一三八〇年前を、事実として書き表わすことはできない。虚構の物語でありながら幼少のころから教え込まれ、みんなで斉唱を繰り返すうちに何の疑いもなく信じ込み、天皇制の起源が定着した。

＊1 『原爆体験記』広島市役所64ジペー

大日本帝国憲法と教育勅語

昭和の戦争に突き進んだ時、憲法は、大日本帝国憲法だった。元号を二つさかのぼる明治時代の、一八八九年二月一一日に発布した。二月一一日は、神武天皇が初代天皇に即位の日、だと言う。大日本帝国憲法は、第一条「大日本帝國ハ萬世一系ノ天皇之ヲ統治ス」、第三条「天皇ハ神聖ニシテ侵スヘカラス」、第十一条「天皇ハ陸海軍ヲ統帥ス」、などと規定した。すでに徴兵令が施行され、成人男子に兵役の義務を課していた。

憲法発布の翌年、一八九〇年一〇月三〇日に、「教育に関する勅語（教育勅語）」が下された。天皇の所感を綴り、現代風に訳すと「この国を創った天皇家の歴史ははるか遠く、その徳も深くて厚い」と語り始める。「天皇に対する臣民の忠と、親に対する臣民の孝がこの国の誉であり、教育の基本も忠孝にある」。そして、「父母に孝行し」などの生活指針を列挙のうえ、「国の非常時には義勇をもって尽くし、皇室の命運を助けよ」と教え、導いた。戦争が起きたら国民は、天皇に命を捧げる。

教育勅語にまつわる国民学校での、体験記がある。

学校では四大節に御真影《ごしんえい》の飾られた式場で、校長が「教育勅語」を奉読。その間生徒は頭を下げて動いてはならないのが辛かった。特に二月一一日の紀元節は体育館の床の板張りの冷たかったこと、何人か貧血で倒れた女の子もいた。式後担任から皆が「お前ら、もっと身体を鍛えとけ、この不忠者《ふとどきもの》が」と叱られたものだ。*2

文中の「四大節」は、一月一日の四方拝（五穀豊穣や天下泰平を神に祈願）、二月一一日の紀元節（神武天皇が初代の天皇に即位したとする日、現・建国記念の日）、四月二九日の天長節（昭和天皇誕生日、現・昭和の日）、一一月三日の明治節（明治天皇誕生日、現・文化の日）、と定められていた。右の手記のように学校で、おごそかに儀式を執り行なった。教育勅語の奉読が終わると生徒は一斉に顔を上げ、鼻水をすすり上げた。難解な教育勅語を、意味がわからないまま暗記させられた。

広島被爆の一年四か月前、広島市立第一高等女学校に入学した生徒の一人が、次の誓いを立てた。

私がこの女学校に進み入ったのは、第一に畏くも天皇の御恵によるのであり、次に国家の恩によるのであり、また父母の恩、師友の恩によるのであります。ですから私は互いに励まし合って学業を修め、智恵を磨き身体を鍛え、また助け合い睦び合って互いに将来立派な女子になり、少しでも国家の御役に立とうと心掛けます。かようにして立派な女性になり撃ちてし止まんの覚悟をかたくいたす覚悟です。*3

学校で繰り返し習った教育勅語の教えを、純真に反映している。

＊2『あすのために』30ページ　＊3『流燈』103ページ

御真影

先の四大節に関する引用手記に、「御真影」の記述がある。御真影は、天皇および皇后の肖像写真を言う。式典では校長が純白の手袋をはめ、額縁の写真に息がかからないよう目の上に捧げ持って運び、式場の正面に掲げた。そして校長、訓導（教員）、生徒の全員が一斉に腰を深く折り、最敬礼する。「直れッ」の号令で正面を向き、声を揃えて「天皇陛下万歳！」と大声で唱え、「万歳！」の発声と同時に両手を真上に上げ、三回繰り返す。

式が終わると、御真影は教育勅語の謄本とともに奉安殿あるいは奉安庫に納め、施錠をし厳重に保管した。御真影は文部省から貸与されたもので、学校の所有物ではなかった。

奉安殿は学校の校内脇などに設置され、その前を通るたびに生徒は立ち止まり、姿勢を正し、深々と頭を下げる。きびしく教え込まれ、習性になっていた。

被爆の直後、広島逓信局は御真影を局舎から運び出し、焼失を防いだ。

燃えあがる兵舎（引用注・基町の陸軍駐屯地）の付近に多数の兵隊や市民の死傷者がたむろして点在、白島の堤防（引用注・神田川西岸）に近づくにつれてその数がふえ、電車通り（引用注・白島線）と堤防の間は足のふみ場もないぐらい数多くの死傷者がいた。そんなに死傷者が多くて通りにくいところでは「御真影です、御真影です」というと、兵隊はもちろん、動けそうにない市民まで直立して挙手の礼をしたり最敬礼をして、起き上ることのできぬ者は倒れたまま手を合わせて拝む。御真影を背負っていたお蔭で誰も彼も通り道を開けてくれ、難なく堤防に上がることができた。*4

奉安殿
（沖縄県沖縄市知花６丁目）

御真影と教育勅語ならびに大日本帝国憲法が天皇制国家の基盤を形成し、明治、大正、昭和初期の長期にわたる歳月を一貫した。不服従を許さない、強制力を伴う時代だった。

＊4『ヒロシマ日記』295〜296ジペー

軍国主義

天皇に命を捧げよと教育勅語が国民に説く戦争は、勅語の発布から四年後に早くも始まった。日清戦争と言う。さらに日露戦争、第一次世界大戦と、一〇年毎の戦争を重ねた。

いずれも戦勝国となった日本は、台湾、澎湖諸島、南樺太を手に入れた。清国遼東半島の旅順と大連の租借権、ならびに太平洋上のマリアナ諸島を信託統治する権利も獲得した。加えてこの間の一九一〇年八月二二日には韓国と併合条約を締結して植民地とし、国名を朝鮮に改め、支配下に置いた。

一方で第一次世界大戦後に国際連盟（現・国際連合）が設立され、軍備縮小が主要各国の趨勢になった。日本は海軍の艦船削減に加え、陸軍も四年間で計九万三〇〇〇人の将兵を減らした。そのかたわら陸軍は削減で生じる余剰人件費を装備費に積み増し、航空部隊や戦車部隊を新たに設け、戦力の強化を図った。

しかも定数削減に伴う失職将校を救済するため、陸軍現役将校学校配属令を二五年四月一三日に公布した。大学および私立は申請校のみとしつつ中等学校以上の全国各校に軍人を配置し、学徒対象の軍事教練を始める。分列行進、ほふく前進、射撃訓練などの実技はもとより、軍人勅諭の暗唱を義務づけた。明治天皇が下した軍人勅諭は、軍人精神の規範を説く。学校における軍事教練の開始によって、軍国主義の底辺が一挙に広がった。

3　日中戦争

思想の統制

軍国主義の浸透と拡大に併せ、国民に対する思想や信条の統制が強化された。陸軍現役将校学校配属令の公布三年後、一九二八年六月二九日に改正の治安維持法第一項がこう規定する。

「国体ヲ変革スルコトヲ目的トシテ結社ヲ組織シタル者又ハ結社ノ役員其ノ他指導者タル任務ニ従事シタル者ハ死刑又ハ無期若ハ五年以上ノ懲役若ハ禁固ニ処シ情ヲ知リテ結社ニ加入シタル者又ハ結社ノ目的遂行ノ為ニスル行為ヲ為シタル者ハ二年以上ノ有期ノ懲役又ハ禁固ニ処ス」

続く第二項は「私有財産制度の否認」を対象とし、第三項で一項と二項の未遂罪を定めた。

結社の組織者、役員、指導者、加入者という直接行為の者に限らず、それらの者と会い、会話し、通信した者も、「目的遂行ノ為ニスル行為を為シタル者」として刑を科す。公安担当の特別高等警察官（特高警察）が目を光らせ、耳をそば立てた。

満州国建国

改正治安維持法の公布翌年、一九二九年一〇月二四日に、ニューヨーク株式市場が大暴落をした。世界恐慌を招く。日本経済も三〇年から三二年にかけ、深刻な不況にあえいだ。あいつぐ工場閉鎖で失業者が町にあふれ、東北地方の冷害による凶作が重なった。

そんな世情の三一年九月一八日に、「満州事変」が起きた。中国の東北部に駐屯していた日本陸軍が南満州鉄道の線路爆破事件を画策し、中国軍の仕業だと偽り、中国軍に向け戦火を放った。日清、日露、第一次世界大戦によって領土を拡大してきた欲望が再び燃え上がり、広大な中国東北部を占領のうえ、翌三二年三月一日の「満州国」建国宣言へと一挙に事を運んだ。日本政府が意のままに操る、名ばかりの国家となる。

建国宣言の三か月後、六月一四日に衆議院は、満場一致で満州国を承認決議した。全国一三二の新聞社も足並みを揃え、満州国支持の共同声明を一二月一九日付紙面に載せた。国会と新聞が言論や文筆による制御機能を失うと、国の暴走が加速する。

宣戦布告のない戦争

満州国の建国に続いて日本は、満州に接する中国の北部地域に目をつけ、親日政権の樹立を画策した。そのうえ政府は三六年八月七日に「国策の基準」を定め、「大陸および南方への進出」を方向づけた。中国から東南アジアにかけ、勢力を広げる。軍事費が国家予算の四七パーセントを占めた。予算の執行には、企業、商社、金融など経済中枢との密接な関係がつきまとう。

翌三七年七月七日の深夜、中国北部の北平（現・北京）郊外にある盧溝橋で、日本軍と中国軍の小規模な武力衝突が起きた。すかさず四日後の七月一一日、近衛文麿内閣は中国北部への派兵を決定し、七月二八日、日本軍は中国軍への総攻撃に踏み切った。日中戦争の開戦となる。宣戦布告はしなかった。

戦火はやがて、上海へ飛び火した。上海は首都の南京に近い。中国政府は一一月二〇日、重慶を新たな首都に定めた。

大本営は上海の現地軍に南京攻略を命じ、一二月一三日、日本軍が南京を占領した。そして日本兵は、老幼男女の区別なく中国人を殺害のうえ、略奪、放火、女性への凌辱を重ねた。中国人の死者はおよそ二〇万人にのぼった。南京大虐殺事件と言う。そのような非人道行為を知らされないまま日本の国民は、各地で提灯を手に夜の街へ繰り出し、南京占領を行列で祝った。

その二か月後、三八年二月一八日に、日本海軍の航空機三機が中国の首都重慶を初空襲した。翌年五月三日と四日の爆撃では中国側の集計による死者およそ四〇〇〇人、重傷二三〇〇人に及んだ。非戦闘員の一般住民を巻き込む無差別爆撃は一年前、ドイツ空軍によるスペインの古都ゲルニカへの空襲が史上初とされている。二〇〇〇人余りの死者を生じた。スペイン生まれの画家パブロ・ピカソが絵に描き、世界に衝撃が広がった。日本軍の重慶空襲は、ゲルニカの死傷を大きく上回った。その後も日本軍は二年余りにわたり、重慶に対する空襲を続けた。

これら一連の無差別爆撃がのちの太平洋戦争において、米軍の日本本土空襲を誘発し、あげくの原爆投下になった。戦争は非戦闘員に容赦なく、犠牲を拡大していく。

戦時一色

日中戦争開戦時に広島市内の小学校三年生だった女性が、手記にこう書いた。

小学校時代は、戦場に行かれる軍人を見送るために授業が中止となり、日の丸の旗を両手に持って、紙屋町の交差点あたりへ行くことが度々ありました。

品物も不自由で、鉛筆は、乳児の小指の長さになる位まで使い、習字は新聞紙を半紙の大きさに切ってまっ黒くなるまで字を書きました。遠足は、遠距離でも歩き、日の丸弁当（引用注・おかずが赤い梅干しだけの弁当）でしたが「ぜいたくは敵だ。欲しがりません、勝つまでは」を合言葉に、誰も不足を言いませんでした。[*1]

「挙国一致」「銃後を護れ」と事あるたびに声を揃え、一方で、「非国民」との名指しが重い響きを伴っていた。

政府は「国民精神総動員」運動を起こすため、日中戦争開戦の年に総動員中央連盟を発足させた。そして翌日から、ラジオで国民唱歌の放送を始めた。曲は信時潔の作曲による『万葉集』の一節「海ゆかば」。

〽海ゆかば　水漬く屍
山ゆかば　草むす屍

大君の　辺にこそ死なめ
かえりみはせじ

天皇のために死んで悔いはない、と誓う。荘重な旋律が繰り返し流れ、国民の心を一色に染めた。軍歌が流れる街で女性たちは、千人針を縫った。白い布に一人一針の赤糸を通し、千個の結び玉を作る。「虎は千里を走り、千里を帰る」とのたとえに、出征兵士の武運を託した。千里は四〇〇〇キロ。兵士は戦場で、千人針の布を腹に巻き戦った。

国民精神総動員のもとで日中戦争二年目の三八年五月五日、政府は国家総動員法を施行した。人材や物資はもとより戦争遂行に必要なあらゆる分野の統制と運用を政府の一存で行ない、総力態勢を整える。国民の自由を封じ、権利を取り上げた。労働力の徴用で、中小企業が廃業を強いられていく。「報国＝国家の恩に報いる」を大義として、労働組合が産業報国会に、農民組合が農業報国連盟に、自主改組した。

＊1『語りびと』1～2㌻

4　太平洋戦争

「大東亜」の野望

一九三九年九月一日、ドイツ軍がポーランドに戦火を放ち、第二次世界大戦が始まった。ヨーロッパと中国で、二つの戦争が同時進行する。ドイツ軍は、破竹の勢いでヨーロッパ戦線を拡大した。一方の日本軍は広大な中国を攻めあぐみ、一〇万の戦死者を出す泥沼にあえいでいた。

その日中戦争を政界と軍部は、宣戦布告のない侵略目的でありながら「聖戦」と自ら称えた。そして近衛文麿内閣はさらに先を見据え、四〇年七月二六日に基本国策要綱を閣議で決めた。「皇国（引用注・天皇制国家）ノ国是ハ八紘ヲ一宇トスル肇国ノ大精神ニ基キ（中略）大東亜ノ新秩序ヲ建設スルニ在リ」。

「八紘一宇＝世界（八紘）を一つの屋根（一宇）のもとに治める」は神武天皇の言葉とされ、『日本書紀』から引用した。「肇国」は建国、「大東亜」の亜は亜細亜《アジア》を意味し、日本、満州、中国、東南アジア、インド、オセアニアに至る地域を視野に入れた。

日本史研究の学説によると神武天皇は、実在の人物ではない。神話と伝説の『日本書紀』を拠り所にする政府の基本国策要綱が、日本のみならず近隣諸国に不幸を押しつけ、拡大していく。

基本国策要綱の決定から二か月、「大東亜の新秩序建設」に向け九月二三日に、日本軍がフランス領インドシナ（仏印、現・ベトナム）北部へ進駐した。フランスは現下の第二次世界大戦で首都パリをドイツ軍に占領される苦境にあり、アジアの植民地を堅持する国力が失せていた。日本軍は北部仏印において、飛行場四か所の使用および将兵六〇〇〇人駐屯の権利を手に入れた。

四日後の九月二七日には、ドイツ（独）ならびにイタリア（伊）とともに日独伊三国同盟を締結した。アメリカを仮想敵国と位置づけ、三国で政治、経済、軍事の相互援助を約束する。ドイツとイタリアがヨーロッパにおける、日本が「大東亜」における、指導的立場にあると自ら讃えた。

少国民

日独伊三国同盟締結のおよそ半年後、四一年四月一日をもって、小学校を国民学校に改めた。従来の義務教育による尋常小学校（六年）と義務でない高等小学校（二年）を統合して国民学校初等科、高等科と呼ぶ。初等科六年間のみを義務教育とし、三年後から八年間の義務制を予定した。児童を「少国民」に見立て、「皇国ノ道ニ則リ（中略）国民ノ基礎的錬成ヲ為ス」。小学生さえも、「挙国一致」に取り込んだ。

四年後、広島の被爆直後に、広島女子専門学校生が次の看護体験をした。

一〇歳前後の男の子が入って来たのは、もう夕方近かった。泣くことも忘れたその子は、親の行方も知らないという。左の乳の上に一〇センチ位の切傷が口をあけていた。ガラスででも切ったのだろうか。他にやけどもなく、縫って傷口をふさいでやろうと軍医は用意をされた。

用意といっても消毒するだけで麻酔もなにもない。

一針縫われるごとに、子どもはのけぞって泣きわめいた。手足を押さえている私たちもその痛さが伝わってきて目をそむける。

突然、「おまえは日本の子だろう。お国のためだ、泣くな」と軍医が大声でどなられた。みんなハッした。とたんにその子は、泣き声をやめた。そして歯をくいしばって痛みに耐えたのである。[*1]

「日本の子」「お国のため」が、生き方のすべてを制した。男の子に限らず女の子も、「お国のため」を強いられた。世の中を客観的に見つめる感性は、育たない。

＊1 『校庭は墓場になった』32〜33ページ

太平洋戦争開戦

国民学校発足の三か月後、四一年七月二三日に日本軍は、先の北部仏印に続き南部仏印進駐に関する細目協定を仏印提督と締結した。日本は、航空基地八か所と軍港二か所の使用権を得た。

日本軍の仏印進駐は周辺各国に対し、軍事的刺激を強く及ぼすことになった。すかさず、アメリカ（フィリピン領有）、イギリス（マレー〈現・マレーシア〉領有）、オランダ（東インド〈現・インドネシア〉領有）が対抗措置として、自国内の日本資産を凍結した。さらにアメリカは対日石油輸出の全面禁止へ踏み切り、日本に対する経済制裁を一段と強めた。そのうえ一〇月二日には、「中国および仏印からの日本軍全兵力撤収、日独伊三国同盟の破棄」を日本に迫った。呑めば日本は、「大東亜」建設の足掛かりを失う。

一二月八日、日本は東条英機内閣のもとで太平洋戦争を開戦した。天皇は開戦詔書（本書一四ページ掲載）において、戦争の目的を「自存自衛」と述べた。経済制裁の被害を強調し、開戦を正当化して、国民の総決起を促す。「大東亜における永遠の平和を確立し、帝国の光栄を保全する」とも語った。

一方で政府は、戦争の目的を「大東亜新秩序の建設」、戦争の呼称を「大東亜戦争」とした。「建設」は、侵略の加害によって成り立つ。

大本営の虚偽発表

太平洋戦争開戦から六か月、既述のように日本軍はミッドウェー海戦で、初めて敗北を喫した。空母四隻と重巡洋艦一隻を撃沈され、航空機二八五機を失った。米軍に対する戦果は、空母一隻の撃沈にとどまった。

しかし大本営発表のラジオ放送は、事実とまったく違っていた。勇壮な軍艦行進曲（通称・軍艦マーチ、鳥山啓作詞、瀬戸口藤吉作曲）を高らかに奏で、「米空母二隻を撃沈、日本軍は空母喪失と大破各一隻」と報じた。国民は歓喜した。

続くソロモン海戦も、負け戦となった。大本営は、残余の兵をガダルカナル島から撤退させるにあたり、撤退を「転進」と言い、劣勢を国民に隠した。

さらにアッツ島の全滅においても、全滅を「玉砕＝玉のように砕け散る潔い死」と言い替えた。ラジオで「海ゆかば」の曲とともに報じ、国民の悲涙を誘い、「忠君愛国」の決意を煽った。

戦況は少しも好転せず、絶対国防圏を破られ、捷号作戦策定で背水の陣を敷くに至った。そして最初に、捷一号のフィリピンが攻防の的になった。攻略に向かう米機動部隊を日本軍航空隊が洋上で捉え、攻撃を挑んだ。敵艦をめがけて、戦闘機もろとも突っ込む。「特攻」と名づけた。その戦果を大本営は、「米空母一一隻など一七隻撃沈、空母八隻など二四隻大破」と発表した。米機動部隊撃滅の、大勝利になる。だが事実は巡洋艦二隻大破でしかなく、日本軍は航空機三〇〇機余りを撃ち落とされた。フィリピンを奪われ、続く捷二号の沖縄も、惨敗した。

国民は大本営発表を疑うことなく、勝利を信じ、骨身を惜しまず、空腹に耐えながら戦争遂行に励んだ。

勤労動員

狭い国土の日本は人的資源に限りがあり、敗色を重ねるうちに兵力不足が顕著になった。そのため植民地の朝鮮において、太平洋戦争三年目の四三年八月一日から徴兵制の適用を始めた。

国内では一〇月二日に在学徴集延期臨時特例を公布し、学徒に対する徴兵猶予を停止した。そして一〇月二一日、冷雨の東京神宮外苑陸上競技場で出陣学徒壮行会開催となり、近県七七校の大学生たちが学生服の肩に銃を担いで分列行進し、「もとより生還を期せず」と誓い戦場へ向かった。

さらに一二月二四日、従来の徴兵年齢二〇歳を一年引き下げ一九歳にする、との特例を公布した。

兵員の増強は一方で、国内における青壮年男子の深刻な労働力不足を生じた。対応策として政府は、四三年九月二三日に国内必勝勤労対策を閣議決定した。販売店員、出改札係、車掌、理髪師など一七職種を男子就業禁止とし、代わりに二五歳未満の未婚女子を勤労挺身隊として就業させる。

併せて同年四月一日から、中等学校の修業年限五年を一年短縮の四年制にした。続いて六月二五日に、学徒戦時動員体制確立要綱を閣議で決めた。中等学校三年生以上を労働力として動員する。期間は年間六〇日、翌四四年一月から四か月、三月から通年になった。七月には、中等学校の二年生以下と国民学校高等科の生徒も、勤労動員の対象に組み入れた。

「学徒動員の歌」（野村俊夫作詞、明本京静作曲）が作られ、学徒たちは歌を歌いながら軍需工場へ通った。

〽花もつぼみの若桜
五尺の命ひっさげて
国の大事に殉ずるは
我ら学徒の面目ぞ
あゝ紅の血は燃ゆる

「五尺」は身長一メートル五一センチの体格を意味する。

県立広島第一高等女学校三年生一五歳の、学生生活を振り返る手記がある。

学校で勉強らしい勉強をしたのは、二年生までだった。しかし、およそ学ぶというにはほど遠く、今日は砂袋十キログラムをかついで十キロの道のりの往復行進、今日は教練、今日は護国神社へ参拝、今日は東練兵場へ見学に、つぎは一週間ほど宇品の被服廠（引用注・船舶練習部内被服廠分室）へ勤労奉仕という毎日であった。

被服廠の仕事はつらかった。それは、布目も見えないほど汚れたうえに、血のりのべっとりついた陸軍の平服を解く仕事だったから。血なまぐさいにおい、激しいほこり、私たちは胸のところへ縫いつけられた名札を、ひとりひとり確かめながら解いた。この服を着ていた兵隊さんは死んだのにちがいないと思いながら解いた。でもそんなことはだれも口にしなかった。

（中略）

三年生に進級したとき、私たちは広島航空機株式会社へ学徒動員として出ていくことを知らされた。三週間の訓練期間を終えて、それぞれの部所に配属されたのである。私の配属されたのは、機械部であった。旋盤を使って、操縦士室の部品をつくる仕事だった。ジュラルミンの板を切り抜き穴をあける、一つの失敗も許されなかった。白い小さな手は二、三日で油がしみ、がさがさに荒れた。一日の仕事が終わる前の点検はこわかった。一個でも失敗したり、規格にあわなかったりしたものがあると、直立不動のまま説教された。

そんなある日、友だちの中島さんという子がプレスに人指しゆびをはさまれ、指の付け根からちぎれて飛んだ。彼女は、驚いて棒のようにつっ立ている私をしり目に、一メートルも先にとんだ指を自分で拾い、「かわいそうに。」とつぶやいて、ハンカチに包んだ。そしてはじめて涙を流した。一瞬のできごとだった。引率の岡田先生がやってきて、涙を流している中島さんへ、

「大和撫子でしょう。泣くものじゃあありません。なんです。兵隊さんのことを思えば、小さなことじゃありませんか。」

と言った。私は、ああ、大和撫子とはこんなとき言うことばなのかと思った。そして、私も大和撫子と言われるような人間になれるのだろうかと、自信をなくした。*2

軍国は、教師から人の心を消し去った。

飛行機の部品、機関銃、高射砲、対戦車用ロケット、弾丸、手榴弾、魚雷など、男女の学徒は動員された軍需工場で工作機械を使い、製造に励んだ。後輩は、建物疎開作業で汗と埃にまみれた。

瀬戸内海の、安芸郡下蒲刈島《しもかまがり》（現・呉市下蒲刈町）から希望に燃えて広島女子高等師範学校附属山中高等女学校へ入学した生徒は、三年生になる二か月前からの日常をこう綴った。

学徒動員令を受け、南観音町の三菱工場に配属された。今までは、学校へ通う普通の女学生であったのに、それからは、仕上げ工として工場へ通勤するようになったのである。

ある日、私たちの持ち場である仕上げ工場が己斐の分工場へ疎開することになった。

せめてその間は、学校へ帰って勉強できるのでは、とみんなで話し合い喜んだが、学校側では既に、天満町の三宅製針工場へ勤労作業に行くことを、決定していたのである。

期待は裏切られ、一日として学校生活のできない私たちは、再び工員として、今度は、機関銃の玉になるという、鉄の棒の錆を落すため、朝の七時半から夕方五時まで「トンカチ、トンカチ。」と叩き続ける毎日であった。

手には血がにじみ、それが血まめとなり、マスクは汗とほこりで変色し、夕方になれば、モンペ姿に鉢巻の恰好のまま、綿のように疲れ果て、重い足どりで家路につくのである。

家といっても、一人住まいの間借りでは、「ただいま。」と云っても、何の返事も返っては来ない。殺風景な部屋の片隅で七輪に火をおこし、朝残しておいた茶碗一杯分の麦ご飯を、お粥に炊いて量をふやし、梅干しと漬物をおかずに何とか腹八分目にごまかして、暗くなっても明かりをつけることさえ許されぬ、冷え切ったわびしい部屋で眠るだけである。

朝は五時に起き、くず紙を丸めてかまどにくべ、廃材などで燃えない煙に泣きながら、麦めしや、大根めしを炊くのである。

割り当て配給の大豆やもやし、梅干しなどを細々と弁当のおかずに入れ、防空頭巾《ずきん》を肩にかけ、国防色に染めた鉢巻を締めて、ひたすら日本の勝利を夢見ながら、黙々と軍需工場へ通う、平凡な学徒の一人であった。*3

そして八月六日、工場の屋外で防空壕堀りに従事し、被爆した。手記が続く。

両手の皮膚はブラブラになって爪の先から垂れ下り、両足は見るも無惨に、骨まで見えるくらいの火傷である。もちろん着ているものは縫目だけが残って、わかめをぶらさげたようにボロボロになり、焼けただれた皮膚が、服の代りにブクブクに波打っていた。私も、他の人たちと同じ姿だったのである。[*4]

戦時下に生まれ、耐乏を強いられ育った。勉学の夢を膨らませて通い始めた学校は、学びの場でなく、動員の労働に明け暮れた。そして、明るさのない灰色の青春が原爆による上塗りで真っ黒になり、終わった。

＊2『この子らに語り継ぐもの 第一集』104～107㌻
＊3『追悼記』229～230　＊4 同231～232㌻

5　昭和天皇

人間宣言

敗戦の翌年、一九四六年一月一日に昭和天皇は、詔書で「現御神《あきつみかみ》（現人神）に非ず」と述べ、神格を否定した。

「朕ト爾等國民トノ間ノ紐帯ハ（中略）單ナル神話ト傳説トニ依リテ生ゼルモノニ非ズ。天皇ヲ以テ現御神トシ（中略）世界ヲ支配スベキ運命ヲ有ストノ架空ナル觀念ニ基クモノニモ非ズ」

「人間宣言」と名づけられた。神話と伝説に依拠する天皇制の成り立ちを、明確に否定した。

神武天皇の即位を天皇制国家の始まりとしてきたこの国において、歴史の年数表示を西暦でも和暦でもなく、『日本書紀』が伝える神武天皇即位の年すなわち紀元前六六〇年を元年とする「皇紀」という呼称がかつて使われていた。たとえば太平洋戦争開戦前年の日中戦争四年目は西暦一九四〇年で、六六〇年を足して皇紀二六〇〇年と称した。晴れやかに、宮城前広場の特設造営式殿に国内外の招待者およそ五万人が集うなど、一一月一〇日から五日間にわたり全国各地で祝賀行事を繰り広げた。

その「皇紀」を昭和天皇は、二六〇〇年祝賀の六年後に「人間宣言」をもってぷっつりと断ち切り、祝二六〇〇年の意義を水泡に帰した。もとより神武天皇の即位は史実でなく神話と伝説の産物に過ぎないにしても、それまで営々と積み重ねた「神国日本」の教育を、覆すことになる。「我らは天皇のために生まれ、天皇のために働き、天皇のために死す」と誓った国民七二〇〇万人の人生が、価値のないものになってしまう。「神」から「人間」への切り替えが、あまりにもたやすく、軽い。

軽さは命の重さとの対比において、より明確になる。戦場で天皇に命を捧げた兵士と、各地の都市空襲、沖縄戦、広島と長崎の原爆、ソ連参戦の満州における一般国民を合わせた総数三一〇万の死者は、天皇の、神から人間への替わり身の早さをどのように受け止めただろうか。

そして、学徒たち。広島では既述の建物疎開作業における死亡六〇〇〇人に加え、軍需工場や官庁などへの勤労動員を合算する総死亡数がおよそ七〇〇〇人にのぼった。その一人、小網町の建物疎開作業現場で命を奪われた広島市立中学校一年生の母親が、次の手記を書いた。

中学校一年　学徒動員　戦時下とはいえあまりに幼い人柱でした。幼い学徒の死際の「天皇陛下万歳」は一体なんなのだろう。侵略戦争を聖戦と教え、七生報国、悠久の大義「欲しがりません勝つまでは」「撃ちてしやまん」幼いものたちを追いつめて行ったものは、どのようにして責任を取ったのでしょうか。（中略）

灼熱の八月の太陽に向って、思いきり腹の底から泣きさけびたい思いです。[*1]

天皇が神格否定の「人間宣言」を急いだ背景に、どんな事情があったのか。疑問が消えない。

戦争責任不問

天皇の「人間宣言」に対し、日本を占領中の連合国軍総司令部最高司令官マッカーサーは、「満足」の意向をその日のうちに表明した。

そして五か月後、五月三日に、マッカーサーの指令による極東国際軍事裁判所が開廷になった。太平洋戦争開戦時に首相、陸軍大臣、内務大臣を兼任の東条英機など、A級戦犯（平和に対する犯罪）容疑者二八人を裁く。

東条英機は逮捕される直前に、ピストル自殺を図った。しかし弾が急所を外れ、自死に失敗した。それにより、かつて陸軍大臣として全軍の兵に示達の戦陣訓「生きて虜囚の辱めを受けず」を、自ら破る結末となった。捕虜になるなと厳命されて敵陣に向け突進し、撃ち殺されたおびただしい兵士たちに、どんな言い訳ができるのだろうか。

日中戦争の開戦ならびに大東亜共栄圏建設を閣議決定した首相近衛文麿は、逮捕の出頭前に自宅で青酸カリを飲み、自ら命を絶った。

一方で昭和天皇は、日本を統治し、陸海軍を統帥してきたにもかかわらず、アメリカ主導の極東国際軍事法廷に一度も呼び出されることなく、安泰の日々を過ごした。アメリカは占領政策として、日本の軍国主義一掃や民主化を円滑に成し遂げるため、国民感情を刺激しない、との基本方針を堅持していた。国民感情の核心に、天皇がいる。天皇を法廷に呼び出し、戦争責任を問うと、世論の

＊1『鎮魂』34～35ページ

反感が高まり占領政策に支障を生じる、との状況判断によって、天皇の戦争責任を不問にした。

天皇を崇拝する国民感情は、営々と培ってきた皇民教育の反映であり、天皇に戦争責任があるのかないのかの検証とは次元がまったく異なる。この国の統治者として昭和天皇が自らの言葉で太平洋戦争開戦の詔書を発した事実は、歴史を明瞭に彩り、消えることはない。併せて、極東国際軍事法廷における東条英機の、次の証言も消えずに残る。

「日本国の臣民が、陛下のご意志に反してかれこれするということはあり得ぬことであります。いわんや、日本の高官においてや」*2

大日本帝国憲法第三条「天皇ハ神聖ニシテ侵スヘカラス」を東条は、体験にもとづき明確に裏づけた。

開廷から二年六か月、極東国際軍事裁判所はA級戦犯二五人に有罪判決を下した。そして東条ら七人が、絞首刑に処せられた。

*2『再現ドキュメント（下）』165ページ

全国巡幸

「人間宣言」ののち昭和天皇は、極東国際軍事裁判所の開廷に先立つ四六年二月一九日から、全国各地への巡幸を始めた。迎える群衆に、右手で帽子を持ち上げて振り、声を掛けた。「あっそう」と言う、まったく威厳のない応答の口ぶりを、国民はおもしろがって真似をした。

広島には被爆の二年後、四七年一二月五日から八日にかけ、県内を巡った。七日の広島市内滞在時間は、三時間だった。四月に国民学校が廃止され小学校になったばかりの児童たちは教師の引率で沿道に並び、手作りの日の丸の旗を打ち振った。市民広場で、五万人の市民が迎えた。そのうち何割が自主参加で、何割が動員なのかはわからない。

天皇は、こう述べた。

「このたびは、みなの熱心な歓迎を受けてうれしく思う。本日は親しく広島市の復興の跡を見て満足に思う。広島市の受けた災禍に対しては同情にたえない。われわれはこの犠牲を無駄にすることなく、平和日本を建設して、世界平和に貢献しなければならない[*3]」

言葉がうわべを流れ、被爆の実態と大きくかけ離れていた。

*3 『広島新史 市民生活編』87ページ

広島原爆への所感

戦後三〇年、一九七五年一〇月三一日に皇居で、昭和天皇が初の公式記者会見に臨んだ。代表質問が続く中、中国放送の記者が関連質問に立った。

「陛下は昭和二十二年十二月七日、原子爆弾で焼け野原になった広島市に行啓され、（中略）以後、昭和二十六年、四十六年と都合三度広島にお越しになり、広島市民に親しくお見舞いの言葉をかけておられましたが、原子爆弾投下の事実を陛下はどうお受け止めになりましたのでしょうか[*4]」

天皇は、こう答えた。

「原子爆弾が投下されたことに対しては遺憾に思っていますが、こういう戦争中であることですから、どうも、広島市民に対しては気の毒であるが、やむをえないことと私は思っています[*5]」

原爆で母と兄を亡くした国民学校六年男児が、高校三年生になって世間へ向け、手記を綴った。

当時広島にいてこの惨劇（引用注・被爆の惨禍）を目にしたものは、最後の息をひきとるその瞬間まで、あたかも昨日の出来事のようにこの日の光景を忘れることはないだろう。戦争のために尊い肉親を奪われ、家を焼かれ、そして生きる望みをさえ絶ちきられた人々が、どんなに多くいることであろうか。少数者の利益とその思想とを貫くために、広島の人々は父母・兄弟・姉妹、さらに親類縁者を奪われ、家は焼かれて、ただ茫然として肉親の骨をかき抱き、土まみれの頬に涙を流してわが家の焼け跡に立ったのである。この姿を貴方が見られた時どんな気がしますか[*6]。

天皇は人として、広島市民の肉体と精神の苦しみに思いを馳せようと努めたことがあるのだろうか。

先の公式記者会見では、『ロンドン・タイムス』の日本人記者も関連質問に立った。

「天皇陛下はホワイトハウス（引用注・アメリカ大統領官邸）で、『私が深く悲しみとするあの不幸な戦争』というご発言がありましたが、このことは戦争に対して責任を感じておられるという意味と解してよろしゅうございますか。また、陛下はいわゆる戦争責任について、どのようにお考えになっておられますかおうかがいいたします[7]」

天皇は、こう返した。

「そういう言葉のアヤについては、私はそういう文学方面はあまり研究もしていないのでよくわかりませんから、そういう問題についてはお答えが出来かねます[8]」

自ら開戦を告げた戦争でありながら記者の質問に向き合わず、会見を終えた。そして心を閉ざしたまま一四年後、昭和天皇はこの世を去った。

あの戦争は、日本の歴史における最大の痛恨事だった。にもかかわらず天皇が口をつぐんだため、けじめをつける機会が失われた。けじめのない社会は、過ちの再発を容易にする。

＊4『朝日新聞 東京本社版』昭和五〇年（一九七五年）一一月一日4面　＊5同4面

＊6『原爆の子』245ページ　＊7前掲『朝日新聞 東京本社版』4面　＊8同4面

6 語り伝え

被爆証言継承の重み

国鉄横川駅に勤務の一八歳男性が素肌に熱線を浴び、頸部、胸部、腹部、左腕、両脚に重度の火傷をしたことは、すでに述べた。その後は体力の著しい減退で定常的な労働ができず、入退院を繰り返し、一人暮らしを続けてきた。そして五五歳になり、自身の立場と思いをこう語った。

今でもね、傷あとと言うものはね、まあ体のうずきだけでなしに、心のうずきまであるですからね。(中略)

自分の体験というものを振り返ったら恐いような気がします。背筋がぞっと寒くなるようなね。だからあんまり世の中に語りたくないような気持だったんですけど……。

でも今のような、戦争に傾斜していく時代になれば、もうあんな残酷で悲惨な体験を自分だけであきらめるよりは、今の平和の時を皆がかみしめられるような体制にもっていくことを、人間の義務と感じるような事があるですよね。

我々は踏み台みたいなものですからねえ。踏み台は我々だけでいいですから、何とか被爆の悲惨さを語り継いでいってもらいたいです。

あれだけの残忍で悲惨なものを未だに実験していて、誰にもその歯車を止められんような状態でしょう。その中で我々の力は微々たるもんかもしれんけど、せめて体験だけの語り継ぎでもしていくのが本当じゃないですかね。[*1]

この年一九八二年、日本の防衛費が前年度比七・八パーセント増になり、限りある国家予算の多くを占めた。文部省による教科書検定では、「侵略」が「進出」に書き換えられ、沖縄での日本軍による「住民虐殺」が削除された。過去の事実を消し、軍隊に対する国民の嫌悪感を鎮静させる。

一方で第二次大戦後の世界には核兵器保有国が増え、爆発実験が増加の一途をたどった。保有国は、アメリカ、ソ連（現・ロシア）、イギリス、フランス、中国、インドに及び、総保有量が広島型原爆への換算で一〇〇万発を優に超えた。爆発実験も一三〇七回を数え、地球を放射能で汚染し続けてきた。右の手記からさらに三八年を経て二〇二〇年現在、核兵器保有国はパキスタンと北朝鮮の参入により、計八か国に拡大した。

世界に核兵器が存在し、日本が戦争のできる国を志向する政治状況において、苦しみ、悲哀、慟哭、尊厳の、被爆証言継承が重みを増していく。

*1 『語り山口のヒロシマⅣ』117、124～125ページ

風化させない意志

もう一人、被爆で身内の一三人を失い、自身も原爆症との闘いを耐え抜いた女性の、語りを聞く。七万体の遺骨が眠る原爆供養塔の清掃で死者を弔い、引き取り手が不明な遺骨の身寄りを探しながら、被爆の体験と思いを修学旅行生などに語ってきた。

最初は戦争に対する、原爆に対する怒りの心が私を駆りたてていたのね。でも今は――人間を愛する心、人間だけじゃないすべての物よ。その愛する心を大事にすることがやっぱり人間にとって大事だし、それをみんなに受けとめてもらいたいな、と思うのよ。

広島は一度死んだ町だけども、今は私と同じように生き返った町よね。それでも、あの日にたくさん亡くなった人たち――その人たちは歳《とし》をとらない。あの日のまんまよね。広島には、歳はないのよ。歳をとらせるのは、戦争を知らない人が知ろうとしないから、だんだん歳をとらせていくのよね。だから広島には「風化」という言葉は使わせない。私は、広島には歳はないんだと叫んできてるの。これからも歳はない。その心を大事にしていきたいと思うのよね。*2

*2『NHK 戦争を知っていますか①』121ページ

死者は、旅立ちの時の年齢であり続ける。まったく予期せずに命を絶たれたため、ほとんどの死者が無言のまま去り、もしくはわずかな言葉での最期となった。死後に話ができるならば、追憶があふれ多くを語るに違いない。住んでいた町の日常、子供のころの遊び、家族の思い出と絆、仕事や学業に対する誇り、そして、しあわせとは……。

今を生きる人たちは、死者と話す機会があることを知っているだろうか。遺品、遺影、被爆写真、市民が描いた絵、惨状の現場跡地、川と橋、被爆建物、慰霊碑、被爆者の手記、などが接点になる。そこで、死者と出会う。対話が始まる。対話によって今を生きるそれぞれが、戦争、原爆、社会のあり方などに思いをめぐらす。死者に、明るさがよみがえる。生きている人たちの、平和を守る決意が根づき、広がる。

死者は、出会いを待っている。「過ちは繰返しませぬから」との誓いが揺るぎないものになる日まで、ひたすら、待つ。

あとがき

修学旅行の季節になると広島の平和記念公園は、小学生、中学生、高校生がにわかに増える。毎日、生徒たちの列が続く。

小学生や中学生は、「慰霊碑めぐり」などの表題をつけた事前準備のしおりと筆記具を手に、五人くらいのグループ単位で目的の場所を探しに行く。道すがらふざけ合う楽しそうな姿は、午後の陽が傾くにつれ、腕時計を見ながら小走りになって気ぜわしい。

若い世代の将来をどのような社会で育むのか。大人たちは戦後ずっと、課題を背負ってきた。

一方で政治は、自民党政権のもとでかつての戦前における社会体制再現に向け、歩調を早めている。象徴的な事例が二〇〇六年の、教育基本法全面改定だった。旧教育基本法における、「個人の尊厳を重んじ、真理と平和を希求する人間の育成を期するとともに、普遍的にしてしかも個性豊かな文化の創造をめざす教育を普及徹底しなければならない」との崇高な理念を押しやり、「わが国と郷土を愛する」など特定の価値観を「教育の目標」に掲げた。明治天皇が下賜の教育勅語を、教材として使用する容認もした。治安維持法の復活や戦争ができる国づくりへの布石を重ね、そのうえ戦前回帰の総仕上げに、現行憲法の改定を据える。

六三歳の広島女子高等師範学校卒業生が広島を再訪し、母校跡の公園に一人たたずみ、しばしの時を過ごした。そして、次の手記を綴った。公園では数人の幼児が母親たちに見守られ、笑みを浮かべ遊んでいた。

五十年前のあの頃、戦果を聞く度に、兵の死があり、その母・妻・子がいる、と胸に刻んでいたでしょうか。（中略）

「私」という人間の存在意義を考えるという学びを、学校教育で受けたでしょうか。いつか死ぬ、という限界を持つ人間が、その人格を自由に認め合って生きる社会を、保証するのが国家ではないでしょうか。幼い頃から、この根本的な「人間」への視点に欠けた教育に犯されることが恐いのです。真に一人ひとりの命が尊重されない時、人殺しが当たり前になる戦争が肯定されるのです。（中略）

どんな小さい弱い命も、国の方針や政策のために埋没されてはいないでしょうか。

（『追悼記 増補』141ジペー）

行間から、国民学校の生徒たちが声を揃えて唱えた「皇国民の信念」と、一糸乱れぬ軍靴の響きが聞こえてくる。

広島の平和記念公園に、国立広島原爆死没者追悼平和祈念館がある。被爆七四年原爆の日を五日後に控える二〇一九年の八月一日、祈念館の体験記閲覧室に一匹のハグロトンボが舞い込んだ。羽根も胴体も黒一色で、繊細な容姿をしていた。冷房を効かせた館内に餌のないまま長くとどまると、衰弱する。およそ数時間を経て祈念館の女性職員に保護され、再び外気の中へ飛び去った。そばを流れる元安川はあの日と同じように満ち、そして引いた。喪服姿を連想させる黒一色のハグロトンボは八月六日を前に、原爆犠牲者弔問のために祈念館を訪れたのかも知れない。

祈念館では、全三一七巻、六万余の被爆体験記を通読した。その中の三四篇について一篇あたり一〇行ほどを本書へ引用し、原稿を整えた。本書各ページに出典明記している他の引用手記多数と同じく、著作権法遵守による引用だった。だが、体験記は「閲覧に限る」と通知され、やむなく引用を白紙にした。被爆体験者の感性を、本書の読者に伝えることができなくなった。残念の一語に尽きる。

命、追悼、広島、平和……、ハグロトンボが残した問いに思いを深めながら、本書最終校正の赤ペンを置く。

出版にあたり資料調査の段階で、広島平和記念資料館情報資料室の皆さんからご協力をいただいた。被爆写真の収集においては広島市平和推進課、広島平和記念資料館学芸課、朝日新聞社、中国新聞社が時間を割いてくださった。出版実務では、あけび書房のご支援を賜わった。それぞれに、心から厚く感謝を申し上げます。

二〇二〇年七月

真鍋 禎男

参考文献

『ああ麗しき太田川 広島県立広島工業学校原爆追悼集』同校創立一〇〇周年記念事業実行委員会発行（一九九七年刊）
『朝日クロニクル 週刊20世紀（一九三七年〜四五年各巻）』朝日新聞社（一九九九年〜二〇〇〇年刊）
『朝日新聞 東京本社版』昭和二〇年八月八日1面
『朝日新聞 東京本社版』昭和五〇年（一九七五年）一一月一日4面
『あすのために―これが原子爆弾と戦争の真実』広島県高等学校原爆被爆教職員の会発行（二〇〇七年刊）
『あのとき閃光を見た 広島の空に』広島市教育委員会事務局社会教育部社会教育課編集発行（一九六六年刊）
『あの日あの時』川嶋博著 川嶋悠紀子編集発行（二〇一五年刊）
『あの日に 原爆体験手記』新藤博著発行（一九七五年刊）
『生きる―被爆者の自分史』あったか編集工房編 被爆者の自分史編集委員会発行（一九九五年刊）
『碑 広島郵便局原爆殉職者追悼誌』同誌発行委員会発行（一九七七年刊）
『いつまでも絶えることなく 被爆40年ヒロシマの手記』NHK広島放送局編 ぎょうせい（一九八六

年刊)
『生命ある限り―21世紀への伝言』兵庫県原爆被害者団体協議会編集発行(一九九七年刊)
『いのちの塔 広島赤十字・原爆病院への証言』手記編纂委員会著編集 中国新聞社(一九九二年刊)
『慰霊』旧制広島市立中学校原爆死没者慰霊祭実行委員会編集発行(二〇〇五年刊)
『失った日から 原爆・引揚・教育・戦中の暮し 体験記』広島県退職婦人教職員の会戦争体験記編集委員会編集発行(一九八六年刊)
『NHK原爆之碑完成記念 原爆被災誌』広島中央放送局発行(一九六六年刊)
『NHK 戦争を知っていますか① 語り継ぐ女性たちの体験』NHKおはようジャーナル制作班編 日本放送出版協会(一九八九年刊)
『NHK広島放送局六〇年史』広島放送局六〇年史編集委員会編 NHK広島放送局発行(一九八八年刊)
『エノラ・ゲイ―ドキュメント・原爆投下』ゴードン・トマス マックス・モーガン=ウィッツ著 松田銑訳 TBSブリタニカ(一九八〇年刊)
『核の栄光と挫折―巨大科学の支配者たち』ピーター・プリングル ジェームズ・スピーゲルマン著 浦田誠親訳 時事通信社(一九八二年刊)
『語り山口のヒロシマⅡ』財団法人山口県原爆被爆者福祉会館「ゆだ苑」編集発行(一九八〇年刊)
『語り山口のヒロシマⅣ』財団法人山口県原爆被爆者福祉会館「ゆだ苑」編集発行(一九八二年刊)
『語りついだヒロシマの祈り』広島友の会発行(一九九六年刊)

『語りつがねばならないこと 和歌山県被爆体験記』和歌山県原爆被災者の会編集発行（一九八六年刊）
『語りびと―原爆・戦争の実相を今こそ語り伝えておきたい』ひろしまを語り継ぐ教師の会編（二〇〇九年刊）
『消えたペン―新聞労働者の8月6日』中国新聞労働組合編 汐文社（一九八八年刊）
『消えた町 記憶をたどり』絵と証言 森冨茂雄 ヒロシマ・フィールドワーク実行委員会編（二〇一一年刊）
『近代日本総合年表 第三版』岩波書店（一九六八年刊）
『呉市史 第6巻』呉市史編纂委員会編 呉市役所発行（一九八八年刊）
『紅の血は燃えて―船舶特幹二期生の記録』「特幹二期生の記録」編纂委員会編 陸軍船舶特別幹部候補生隊第二期生会発行（一九八九年刊）
『県立広島工業八十年史』広島市立広島工業高等学校創立八十周年記念事業委員会編 県立広島工業高等学校発行（一九七八年刊）
『県労被爆連の歩み―12年の運動の軌跡』広島県労働組合原爆被爆者団体連絡協議会編集発行（一九八七年刊）
『原子雲 第二集』足立区原爆被害者の会（足友会）発行（一九九五年刊）
『原子雲の下に生き続けて 第7集』全電通被爆者連絡協議会発行（一九八三年刊）
『原子爆弾―広島の姿』広島市二葉公民館編集発行（一九八八年刊）

『原子爆弾災害調査報告集 第一分冊』原子爆弾災害調査報告書刊行委員会編 日本学術振興会発行（一九五三年刊）
『原子爆弾の記録―ヒロシマ・ナガサキ』子どもたちに世界に！被爆の記録を贈る会編集企画委員会編 三省堂（一九八〇年刊）
『元帥 畑俊六獄中獄外の日誌 前編 巣鴨日記』小宮山登編 日本人道協会発行（一九九二年刊）
『原爆回想記』広島市安佐北区白木公民館 白木町老人クラブ連合会（一九八五年刊）
『原爆回想録 四十年目の検証』財団法人広島県警友会編集発行（一九八九年刊）
『原爆症認定訴訟が明らかにしたこと―被爆者とともに何を勝ち取ったか』東京原爆症認定訴訟を記録する会編 あけび書房（二〇一二年刊）
『原爆体験記』広島市原爆体験記刊行会編 朝日新聞社（一九六五年刊）
『原爆体験記』広島市役所編集発行（一九六六年刊）
『原爆体験記―あれから三三年、今なお』全労働省労働組合広島支部編 全労働省労働組合発行（一九七七年刊）
『原爆で死んだ米兵秘史』森重明著 光文社（二〇〇八年刊）
『原爆投下・10秒の衝撃』NHK広島「核・平和」プロジェクト著 NHK出版（一九九九年刊）
『原爆に夫を奪われて―広島の農婦たちの証言』神田三亀男編 岩波書店（一九八二年刊）
『原爆の子 広島の少年少女のうったえ』長田新編 岩波書店（一九五一年刊）
『原爆被災証言記―忘れられた学徒たち』県立広島女子大学・広島県立広島第二高等女学校同窓有

志編集発行（二〇〇七年刊）
『原爆被爆体験記』京都府原爆被災者の会発行（一九七九年刊）
『原爆へ 平和の鐘を 第三巻 奈良県原爆被害者の手記』奈良県原爆被害者の会発行（一九九五年刊）
『原爆ゆるすまじ』広島県被爆者の手記編集委員会編 新日本出版社（一九六五年刊）
『原爆許すまじ 被爆五十周年 千葉県原爆体験集』千葉県原爆被爆者友愛会（一九九五年刊）
『後世に語りつぎたいこと 第1集』広島市戸坂公民館（一九八五年刊）
『後世に語りつぎたいこと 第2集』広島市戸坂公民館（一九八七年刊）
『校庭は墓場になった―女教師たちの戦争体験記』退職婦人教職員全国連絡協議会編 ドメス出版（一九八三年刊）
『凍りついた夏の記憶―ヒロシマ・五〇年目の証言』竹内良男編 雲母書房（一九九五年刊）
『この子らに語り継ぐもの 広島原爆被爆教職員の手記 第1集』広島県原爆被爆教職員の会 広島県高校原爆被爆教職員の会編（一九七七年刊）
『再現ドキュメント 日本の戦後（下）』NHK編 日本放送出版協会（一九七八年刊）
『写真集 原爆をみつめる―一九四五年広島・長崎』飯島宗一 相原秀次編 岩波書店（一九八一年刊）
『手記 被爆者たちの40年』朝日新聞大阪社会部著 朝日新聞社（一九八六年刊）
『昭和二十年の記録 全滅を免れた附中一年生』広島高等師範学校附属中学校 広島大学・広島高等師範学校附属高等学校第四十一回生同期会発行（一九八四年刊）
『昭和 二万日の全記録（4〜7巻）』講談社（一九八九年刊）

『資料 マンハッタン計画』 山極晃 立原誠逸編 岡田良之助訳 大月書店（一九九三年刊）
『白い花―戦争・被爆の体験を皆さんに伝えたい』 ひろしまを語り継ぐ教師の会発行（二〇〇四年刊）
『図録 原爆の絵 ヒロシマを伝える』 広島平和記念資料館編 岩波書店（二〇一七年刊）
『生死の火 広島大学原爆被災誌』 広島大学原爆死歿者慰霊行事委員会編集発行（一九七五年刊）
『戦史叢書 沖縄方面陸軍作戦』 防衛庁研修所戦史室著 朝雲新聞社（一九六八年刊）
『戦史叢書 本土決戦準備（2）九州の防衛』 防衛庁研修所戦史室著 朝雲新聞社（一九七二年刊）
『千田小ものがたり』 広島市立千田小学校編 千田郷土資料編纂委員会発行（一九七七年刊）
『崇徳学園百二十年史』 同史編纂委員会編 崇徳学園発行（一九九五年刊）
『創立百周年記念誌』 広島市立本川小学校編集発行（一九七三年刊）
『続・あのとき閃光を見た 広島の空に』 広島市教育委員会事務局社会教育部社会教育課編集発行（一九八九年刊）
『続・閃光は今もなお』 宮崎県原爆被害者の会編集発行（一九八七年刊）
『千葉県原爆体験集 第三集』 千葉県原爆被爆者友愛会編集発行（二〇〇五年刊）
『中国新聞』 二〇一三年八月五日朝刊17面
『鎮魂』 旧制広島市立中学校同窓会編集 同窓会・遺族会発行（一九七七年刊）
『追悼記』 広島女子高等師範学校附属山中高等女学校原爆死没者追悼文集編集委員会発行（一九八五年刊）
『追悼記 増補』 広島女子高等師範学校附属山中高等女学校原爆死没者追悼文集編集委員会発行

（一九九三年刊）
『天皇語録』由利静夫 東邦彦編 講談社（一九七四年刊）
『天よりの大いなる声』日本基督教青年會同盟編 東京トリビューン社（一九四九年刊）
『倒壊校舎脱出手記（元広島一中生徒）』藪田猛雄編（一九六二年刊）
『慟哭 この思い風化させまじ』酒井乙女原著 洋光台を愛する仲間発行（二〇〇九年刊）
『似島 廣島とヒロシマを考える』原水爆禁止似島少年少女のつどい実行委員会発行（一九八八年刊）
『日本放送史 上巻』日本放送協会放送史編修室編 日本放送出版協会出版（一九六五年刊）
『ねがいを込めて 戦争・被爆体験記録集』大阪市退職婦人教職員会（二〇〇六年刊）
『年表 ヒロシマ 核時代50年の記録』中国新聞社編集発行（一九九五年刊）
『比治山学園史』比治山学園創立五十周年記念事業会発行（一九八九年刊）
『被爆50周年 ヒロシマの被爆建物は語る 未来への記録』被爆建造物調査研究会編集 広島平和記念資料館発行（一九九六年刊）
『被爆五十年を生きて』旧制広島市立中学校原爆死没者慰霊祭実行委員会編集発行（一九九六年刊）
『被爆体験 私の訴えたいこと 上』ＮＨＫ中国本部（一九七七年刊）
『被爆体験 私の訴えたいこと 下』ＮＨＫ中国本部（一九七七年刊）
『被爆体験記』本郷町原爆被害者友の会編 本郷町発行（一九九三年刊）
『秘録大東亜戦史 原爆国内篇』田村吉雄編 富士書苑（一九五三年刊）
『広島一中国泰寺高百年史』広島県立広島国泰寺高等学校百年史編集委員会編集 母校創立百周年記

念事業会発行（一九七七年刊）
『広島県史 原爆資料篇』広島県編集発行（一九七二年刊）
『広島県庁原爆被災誌』広島県編集発行（一九七六年刊）
『広島県立文書館紀要 第13号』広島県立文書館編集発行（二〇一五年刊）
『広島原爆医療史』同史編集委員会編 財団法人広島原爆障害対策協議会発行（一九六一年刊）
『廣島原爆誌』中国電気通信局編集発行（一九五五年刊）
『広島原爆戦災誌 第一巻』広島市役所編集発行（一九七一年刊）
『広島原爆戦災誌 第二巻』広島市役所編集発行（一九七一年刊）
『広島原爆戦災誌 第三巻』広島市役所編集発行（一九七一年刊）
『広島原爆戦災誌 第四巻』広島市役所編集発行（一九七一年刊）
『広島原爆戦災誌 第五巻』広島市役所編集発行（一九七一年刊）
『広島原爆投下時における避難の実態・中等学校生徒の場合』谷整二著 廣島大学院国際協力研究科博士論文（二〇一二年刊）
『広島市市勢要覧 昭和二四年（一九四九年）版』広島市役所編集発行（一九五〇年刊）
『広島市被爆70年史―あの日まで そして、あの日から 一九四五年八月六日』被爆70年史編修研究会編 広島市発行（二〇一八年刊）
『広島市役所原爆誌』広島市役所編集発行（一九六六年刊）
『広島新史 市民生活編』広島市編集発行（一九八三年刊）

『広島城と陸軍 資料解説書―昭和二〇年八月六日防空作戦室』公益財団法人広島市文化財団広島城（二〇一五年刊）
『広島女子商学園六十年史』広島女子商学園六十年史編集委員会編 広島女子商学園発行（一九八五年刊）
『広島第二県女二年西組 原爆で死んだ級友たち』関千枝子著 筑摩書房（一九八五年刊）
『広島・長崎の原爆被害とその後遺―国連事務総長への報告』核兵器全面禁止国際協定締結・核兵器使用禁止の諸措置の実現を国連に要請する国民代表団派遣中央実行委員会（一九七六年）
『広島・長崎原爆被爆体験記 附・後遺症の報告』長門大津原爆被爆者友の会編 長門時事新聞社（一九八七年刊）
『ヒロシマ いのちの伝言―被爆者 高橋昭博の50年』高橋昭博著 平凡社（一九九五年刊）
『ヒロシマ日記』蜂谷道彦著 朝日新聞社（一九五五年刊）
『ヒロシマの朝 そして今―被爆者として 母として 人間として』山下会著　あゆみ出版（一九八二年刊）
『ヒロシマの証言―平和を考える』広島平和文化図書刊行会編 日本評論社（一九六九年刊）
『ヒロシマはどう記録されたか NHKと中国新聞の原爆報道』NHK出版編集発行（二〇〇三年刊）
『ヒロシマを生きのびて―被爆医師の戦後史』肥田舜太郎著 あけび書房（二〇〇四年刊）
『ふたたび被爆者をつくるな―日本被団協50年史 本巻 別巻』日本原水爆被害者団体協議会被団協史編集委員会編 あけび書房（二〇〇九年刊）

『「文藝春秋」にみる昭和史第一巻』文藝春秋社編集発行（一九八八年刊）
『平和を祈る人たちへ—被爆60周年記念証言集』被爆60周年記念証言集編集委員会編 広島女学院同窓会発行（二〇〇五年刊）
『戸坂 原爆の記録』広島市戸坂公民館編集発行（一九七七年刊）
『米軍資料 原爆投下の経緯 ウェンドーヴァーから広島・長崎まで』奥住喜重 工藤洋三訳　東方出版（一九九六年刊）
『米軍資料 原爆投下報告書 パンプキンと広島・長崎』奥住喜重 工藤洋三 桂哲男訳　東方出版（一九九三年刊）
『炎のなかに—原爆で逝った旧友の25回忌によせて』旧比治山高女第5期生の会編集発行（一九六九年刊）
『マイクとともに』藤倉修一著 大日本雄弁会講談社（一九五二年刊）
『幻の声 NHK広島8月6日』白井久夫著 岩波書店（一九九二年刊）
『未来を語りつづけて—原爆体験と平和教育の原点』広島県教職員組合 広島県原爆被爆教師の会編 労働旬報社（一九六九年刊）
『もしも人生に戦争が起こったら—ヒロシマを知るある夫婦の願い』居森公照著 いのちのことば社発行（二〇一八年刊）
『遺言「ノー・モア・ヒロシマ」—未来のために残したい記憶 第5集』ヒロシマ青空の会編集発行（二〇〇八年刊）

『ゆうかりの友』広島県立一中被爆生徒の会著発行（一九七四年刊）
『流光—語り継ごう平和を 被爆五〇年』修道中学・高等学校記念誌「流光」編集委員会編 修道中学・高等学校発行（一九九五年刊）
『流燈』広島市高等女学校 広島市立舟入高等学校同窓会編集発行（一九九四年刊）

【地図】

・『広島新史 資料編Ⅲ』（広島市編集発行〈一九八四年刊〉）「新旧町丁図」「第二次世界大戦時軍用施設配置図」
・『広島県史 近代2 通史Ⅵ』（広島県編集発行〈一九八一年刊〉）付図「広島県郡市町村界図」
・『概観広島市史』（広島市史編集委員会編 広島市役所発行〈一九五五年刊〉）付図「廣島平和祈念都市建設計画 街路網 公園緑地 圖」
・『広島原爆医療史』（同史編集委員会編 財団法人広島原爆障害対策協議会発行〈一九六一年刊〉）付図「広島市原爆被災地図」
・『ライフ第二次世界大戦史 太平洋の潜水艦戦』（キース・ウィーラー著 タイムライフブックス編集発行）

真鍋 禎男（まなべ　さだお）

1943年　大分県大分市で出生
1962年　大分県立大分工業高等学校卒業
同　年　三菱電機株式会社入社
1972年　三菱電機労働組合支部専従役員に就任
1982年　フリーのルポライターとして独立
著書　『風に向かう人たち』（総合労働研究所）
　　　『遠くきらめく星ふたつ』（汐文社）
　　　『岸本おじさんの冒険』（汐文社）
　　　『伊丹郷町物語』（兵庫県伊丹市）
　　　『不屈と誇り 三池炭鉱労働者』（社会評論社）
　　　『沖縄 戦跡が語る悲惨』（沖縄文化社）
ラジオドラマ　『岸本おじさんの冒険』（ＮＨＫ Ｆ
　　　Ｍシアター）

広島の原爆──記憶と問い

2020年8月6日　第1刷発行 ©

著　者──真鍋 禎男
発行者──久保 則之
発行所──あけび書房株式会社
102-0073　東京都千代田区九段北1-9-5
☎03-3234-2571 Fax 03-3234-2609
akebi@s.email.ne.jp　http://www.akebi.co.jp

組版・印刷・製本／モリモト印刷

ISBN978-4-87154-180-0 C3036